Par le C*en* François de Hartig. Voy. Barbier.

LETTRES
SUR
LA FRANCE,
L'ANGLETERRE
ET
L'ITALIE.

Par le C.*te* F. d. H., *Chambellan de Sa Majesté Impériale & Royale.*

A GENÈVE.

M. DCC. LXXXV.

AVIS
DE L'ÉDITEUR.

Ces Lettres, qui me furent écrites en 1775 & les années suivantes, n'étoient point destinées à paroître au jour; l'Ami de qui je les tiens vivoit alors sous un Gouvernement, où une censure sévère gênant la liberté de la presse, forçoit le génie à se replier en lui-même. Mais présentement que la Monarchie d'Autriche & l'Allemagne se glorifient d'un Empereur JOSEPH II; que les Belles-Lettres trouvent en lui un Protecteur; la Vérité un Défenseur, & que chacun peut donner un libre essor à ses idées, sans craindre qu'on leur prête une tournure désavantageuse; je puis communiquer ces Lettres au Public : il y trouvera, je pense, un style naïf & enjoué, & peut-être plus de raisonnement & de justesse que dans plusieurs Relations semblables.

De Reims.

LETTRE PREMIÈRE.

C'est l'Amitié, & non une vaine Curiosité, qui forme notre Correspondance; je vous écris en Ami, & point en Géographe ou en Historien; ne vous attendez donc point à recevoir un détail raisonné sur les contrées que je vais parcourir : malgré ma passion pour l'étude & le désir d'envisager chaque objet avec l'œil de la réflexion, je me crois trop emporté par les passions pour réfléchir avec suite; trop d'objets m'intéressent pour pouvoir fixer toute mon attention à un seul; je puis m'approprier ce vers:

Tous les goûts à la fois sont entrés dans mon ame!

Tant de goûts réunis nuisent à la solide réflexion : ainsi mes Lettres n'auront ni la précision, ni l'étendue d'un Journal; elles ne servi-

A

ront point d'Itinéraire à un grave Mentor, qui promène son naïf Elève ; elles ne figureront ni sur le Bureau d'un Ministre, ni dans les Cabinets des Académiciens, encore moins dans l'Alcove d'une Dévote : mais si l'amitié les agrée, si elles occupent quelques instans de vos loisirs, si votre esprit éclairé y trouve quelques étincelles de lumières ; je croirai n'avoir point perdu mon temps dans mes Voyages.

Je suis depuis quinze jours à Reims ; j'y ai vu le Sacre de *Louis XVI* avec toute la pompe qui l'accompagne ; vous pourrez lire ailleurs des descriptions très-savantes & très-amples sur la sainte Ampoule, & sur toutes les cérémonies du Sacre ; je ne veux donc point frustrer quelque Libraire du débit d'un de ses exemplaires, en vous faisant moi-même un détail circonstancié de cette sainte cérémonie. Le Peuple François semble la regarder comme un acte essentiel à la Royauté ; on pourroit croire que peu importe qu'un Roi soit sacré, s'il n'est bon, juste, & éclairé. La sainte Huile, à la vérité, n'a pas toujours opéré les effets de la grâce ; *Voltaire* dit fort plaisamment, en plaçant le Roi *Clovis* aux enfers :

<blockquote>Et saint Remi ne put laver jamais
Ce Roi des Francs, gangrené de forfaits.</blockquote>

Saül, l'oint du Seigneur, ne fut ni le plus

heureux, ni le plus juste des Rois. *Louis XVI* promet d'être aussi juste que bon, & l'Huile sainte ne sera point perdue pour lui. D'ailleurs, comme le Sacre du Roi de France à Reims fait circuler beaucoup d'argent dans cette Ville & dans toute la Province, même dans les Provinces attenantes, le Peuple doit désirer que cette cérémonie subsiste toujours; par là une partie des Trésors que Paris engloutit, retourne dans les Provinces. La foule des Etrangers, que la curiosité attire pour le Sacre, & les dépenses de la Cour à cette occasion, enrichissent la Ville de Reims; on y payoit une bonne Chambre à un louis d'or par jour, & les Places sur des Balcons étoient de même louées à un prix énorme : quant à moi, on me fait l'honneur de me loger gratis, & cela chez un riche Négociant de vin qui par reconnoissance du débit qu'il fait de son vin dans la maison de mon Père, a voulu me loger moi & mon bon jovial Ami & Compagnon M. de G**, dans sa belle Maison, dont deux cents mille bouteilles de vin de Champagne rangées en bon ordre forment la Bibliothèque. Comme mon Hôte, M. *Ruinard*, a toute l'honnêteté, & la cordialité qu'on trouve chez de riches Négocians, je suis à merveille dans sa maison, tandis que beaucoup d'Etrangers de distinction payent fort cher le désagrément d'un misérable taudis. La veille du jour du Sacre, toute la Cour se fit voir au Peuple en se promenant dans une vaste & belle Allée qu'on nomme à Reims la Promenade, & qui offre un coup d'œil fort agréable ; près de cette allée est une vaste Plaine où campoient la Maison du Roi, une partie des Gardes-Françoises & Gardes-Suisses. Les acclamations de joie du Peuple en voyant leur Souverain, surpassent toute description ; le Peuple François porte l'amour pour son Prince au plus haut dégré, & si on a vu dans nos siècles civilisés des guerres intestines, la haine contre l'oppression des Ministres, les Impôts trop multipliés, & le Fanatisme de la Religion en ont seuls été cause. Tout le Peuple s'écrioit : *voilà la Reine ! c'est celle qui a la coiffure la plus haute de toutes*, comme si la haute coiffure eut caractérisé la royauté. Quoiqu'en effet l'édifice de ses beaux cheveux blonds se faisoit remarquer au dessus de tous les autres, on eut pu s'écrier avec plus de justesse : voilà la Reine ! car c'est la plus belle de toutes ; aussi sa beauté, l'élégance de sa taille, & les grâces unies à la majesté, la font reconnoître au milieu des belles qui l'entourent.

La cérémonie du Sacre commença le lendemain à sept heures du matin, dans l'Eglise Métropolitaine, qui est très-belle & dont on admire le Portail. Elle étoit tapissée en Gobelins; il y avoit plusieurs Tribunes; dans l'une étoit la Reine incognito, avec les Dames de sa Cour. Deux Tribunes vis à vis étoient destinées pour les Etrangers; elles étoient fort vastes & contenoient chacune neuf bancs, dont la hauteur s'augmentoit à mesure qu'ils étoient plus reculés, afin que ceux qui étoient dans les derniers bancs pussent pareillement jouir de la vue; je me trouvois dans une de ces Tribunes où il y avoit beaucoup d'Etrangers de toutes Nations, surtout des Anglois, quelques Allemands & des Hollandois: Nous étions tous debout sur les bancs pour pouvoir distinguer jusqu'aux objets qui étoient au dessous de nous; or, ces bancs n'ayant point de dossier & étant peu larges, le malheur voulut qu'un gros Hollandois, debout sur le huitième banc, s'étant dressé sur la pointe des pieds pour voir plus commodément, perdit l'équilibre républicain, & tomba sur celui placé devant lui; lequel tombant aussi, ils renversèrent tous les sept Cavaliers, qui étoient debout dans cette rangée; on eut dit une file de ce qu'on appelle des Capucins de cartes qu'un souffle a couchés l'un sur l'autre; cette chute ne se fit point sans grand bruit, & quelques juremens de ceux qui étoient sur les premiers bancs, & qui eurent ainsi tout le poids des six qui tombèrent sur leurs corps; les Dames qui étoient vis à vis de notre Tribune, firent beaucoup d'éclats de rire, malgré le sérieux de la cérémonie, & il est certain que cette chute fut très-plaisante pour les spectateurs; la ligne où j'étois ne se dérangea point, & je n'eus d'autre incommodité que de souffrir pendant six heures une chaleur excessive. Cette cérémonie fut aussi longue que belle, & la plupart de ceux qui devoient y exercer quelques fonctions, furent très-fatigués; le Roi lui-même paroissoit en être accablé, & le vieux Maréchal de *Tonnerre*, qui, en qualité de premier Maréchal de France, devoit tenir l'Épée de la Couronne, & rester tout le temps debout près du Roi, tomba trois fois de lassitude sur le carreau, ce qui fit crier à quelques plaisans : *Voilà le Miracle de la S.te Ampoule! le Tonnerre est tombé trois fois dans l'Eglise, & le feu n'y a point pris*. Au retour de la cérémonie, je dînai chez le *Comte de Vergennes*, Secrétaire d'Etat, à une table de plus de quarante couverts. Cette occasion du Sacre m'est très-favorable pour me faciliter des connoissances à Paris, où les Etrangers se trouvent souvent fort embarrassés : J'avois à table pour voisin le Comte de C***, fils du Maréchal de ce nom ; il me parla beaucoup de ma Patrie, & m'assura qu'il y avoit été fort amoureux d'une belle Demoiselle Comtesse de *** : Je lui appris, que cette Demoiselle, s'étant mariée depuis, m'avoit donné le jour : Grande joie de sa part de voir le Fils d'une Dame, dont il fut tant épris ; son affection rejaillit sur moi, il me présenta aux personnes les plus distinguées de la société, & promit de me procurer le même avantage à Paris. Le lendemain du Sacre, il y eut jour de repos ; & le surlendemain se fit la fameuse Cavalcade à l'Abbaye de St. Remi, à une extrêmité de la Ville. Le Roi étoit monté sur un cheval richement harnaché & couvert de diamans. *Monsieur*, & le *Comte d'Artois* le suivoient, pareillement montés sur des chevaux superbes, dont les housses & les brides étoient entourées de diamans ; celui du *Comte d'Artois* avoit sur la croupe un superbe nœud de diamans appartenant à la *Comtesse d'Artois* ; que le cheval du *Duc de Chartres*, qui le suivoit, rongea en grande partie pendant la route : la plupart des Seigneurs de la Cour, la Maison du Roi, les Gardes-du-Corps, la Gendarmerie, les Mousquetaires, composoient le cortége ; je puis dire que cette cavalcade formoit le plus beau coup d'œil possible, & que je n'ai jamais vu une pompe & magnificence égale à celle-là. La marche dura environ deux heures, car on n'alloit que le pas, & l'on s'arrêtoit souvent. Je pris un chemin de traverse pour arriver plutôt à l'Abbaye. Tout près de l'Abbaye dans une longue allée, étoient placés environ trois mille Malades souffrant des Écrouelles; maladie affreuse semblable au cancer, dont l'infection se communique & même se transmet d'une génération à l'autre : Tous attendoient à genoux l'attouchement du Roi pour les guérir; plusieurs avoient l'air si dégoûtant, que la vue seule m'en révoltoit ; ils étoient pleins de confiance pour leur guérison. Les Rois de France se croient depuis un temps immémorial en droit de guérir les Écrouelles par leur attouchement.

On trouve dans les écrits de *Guibert*, Abbé de Nogent, que le Roi *Philippe I*, qui monta sur le trône en 1060, usoit déjà du droit de toucher les Écrouelles.

Les Rois d'Angleterre leur disputent ce privilége & se l'arrogent pour eux-mêmes. Ils en font monter la possession jusqu'au temps de *St. Édouard;* & *Jean Fortescus*, Chancelier d'Angleterre, écrit, que de *temps immémorial, les Rois d'Angleterre étoient en possession de toucher les gens du Peuple malades des Écrouelles;* on sait que le Roi *Jacques III*, fugitif en France, exerçoit des actes de royauté en touchant les Écrouelleux dans les hôpitaux de Paris.

L'Auteur de la *Philosophie de l'Histoire*, rapporte une anecdote assez plaisante sur les Ecrouelles; c'est que le Roi *Louis XI* fit venir au Plessis-les-Tours saint François de Paule pour le guérir des suites d'une Apoplexie; le Saint arriva; il étoit atteint des Écrouelles, comme il est dit dans les actes de St. François : *Ipse fuit detentus gravi Inflatura, quam in parte inferiori genæ suæ dextræ circa guttur patiebatur, Chirurgi dicebant, morbum esse scropharum. Il étoit malade d'une grosse Tumeur au bas de la joue droite vers la gorge, que les Chirurgiens appeloient Écrouelles*. Or il arriva que le Saint ne guérit point le Roi, & que l'Attouchement du Roi ne servit point de remède au Saint. Apparemment que les pauvres malades que je vis rassemblés n'étoient point instruits de cette histoire, car leur confiance auroit pu en diminuer.

Le Roi descendit de cheval, entendit la Messe, & alla ensuite dans l'Allée, où un Page avec un vase plein d'eau & de vinaigre le suivoit; le Roi toucha chaque Malade avec son doigt assez près de l'endroit attaqué du mal, en disant ces paroles : *Le Roi te touche, Dieu te guérisse*, & il donna un écu à chacun d'eux; je le vis se laver fréquemment les mains après plusieurs attouchemens, & distinguai dans sa mine des marques certaines de dégoût. On régala ces misérables d'un bon repas dans l'Abbaye, ensuite duquel ils doivent jeûner pendant neuf jours pour que leur miraculeuse guérison s'ensuive.

Le doigt du Seigneur est tout-puissant, sa grâce peut se manifester par-tout, qui pourroit y contredire! mais que le doigt d'un Roi de France ou d'Angleterre en ait reçu une force communicative pour guérir une maladie presqu'incurable, c'est de quoi j'ose douter. Souvent les doigts d'un Roi guérissent les maladies d'un Etat en saisissant la plume pour signer une ordonnance utile & salutaire ; souvent ils peuvent guérir quelques maladies de l'ame, en signant quelques actes de bienfaisance ou de justice ; mais qu'un doigt, quelqu'oint qu'il puisse être, guérisse en me touchant l'âcreté de mon sang & les ulcères qui en naissent ; ô Rois de France & d'Angleterre! c'est à quoi ma croyance ne se soumet point encore. Je suis persuadé que la main bienfaisante de *Louis XVI*, & de son auguste Épouse soulageront plus de malheureux pendant leur Règne, que l'attouchement du doigt que je viens de voir, ne guérira les écrouelleux qui en ont joui. Le lendemain du jour de la cavalcade, le

Roi se reposa encore, & partit le jour d'après pour Versailles avec sa Cour.

Je voulus partir le même jour, mais je ne pus trouver de chevaux quoiqu'il y en ait présentement douze cents à chaque poste de Reims jusqu'à Paris. Notre Ambassadeur me donna un billet pour en avoir dans deux jours en m'annotant de sa suite; ce billet me sera nécessaire, car chacun s'empresse de partir, & il règne à la Poste un désordre extrême. Plusieurs Officiers ont été mis aux arrêts pour avoir été, l'épée à la main, devant l'écurie, & prétendu empêcher qu'on attelat aucun cheval hors à leurs voitures: les Postillons harrassés ont l'air de spectres plutôt que d'hommes, ils s'endorment sur leurs chevaux; je prévois ainsi que la route ne sera guère agréable & que ma patience aura beau champ pour s'exercer. Je passai la journée d'hier à la campagne de mon Hôte, *M. Ruinard;* la maison est jolie, & entourée de beaux vignobles cultivés avec tout le soin possible. Je remarquai que la culture du Vin en Champagne est différente de celle de nos pays en Allemagne; en ce que les ceps sont taillés fort court, & que les raisins d'une vigne haute ne sont point aussi estimés que ceux d'une vigne qui ne s'élève qu'à peu de distance de la terre; tandis qu'en Allemagne nous élevons nos ceps fort hauts. Les Propriétaires des Vignes font ici fort à leur aise; car une seule bonne année les dédommage de leurs avances, & des mauvaises années précédentes; mais les Cultivateurs & les Manœuvres sont en Champagne d'une pauvreté extrême. Les Vignobles rapportent beaucoup, & l'agriculture des champs très-peu. La mauvaise qualité du terrain, surtout dans la *Champagne* nommée *Pouilleuse*, & le peu de profit qu'on auroit des améliorations, vu les impôts considérables sur l'Agriculture, découragent les Cultivateurs, soit maîtres, soit fermiers: C'est en Champagne que j'ai vu des Femmes attelées à la charrue, c'est là où j'ai vu des Cultivateurs manger du trèfle cuit au défaut de pain. Je n'ai point vu pareille misère parmi nos serfs, quelques pauvres & opprimés qu'on les dise, & que plusieurs soient en effet.

Je ne vous entretiendrai pas beaucoup de la Ville de Reims; elle est d'une assez grande étendue & renferme quelques Places où il se trouve quelques belles Maisons. La petite, mais très-jolie *Place Royale*, mérite d'être vue, pour la beauté de ses Edifices & surtout pour la superbe Statue pédestre de *Louis XV*. Cette Statue, qui passe pour le chef-d'œuvre du célèbre *Pigalle*, est entourée de divers attributs personnifiés; entre lesquels on diftingue la Force dominant par la Douceur, & l'Abondance par la Protection du Commerce. Du refte, cette Ville, hors l'époque du Sacre des Rois, ne peut attirer la curiofité d'aucun Etranger; ce qui pourroit la mériter le plus, c'eft un Pilier de l'Eglife de *St. Nicaife*; ce pilier eft un arcboutant qui ne touche à l'Eglife que par fes extrêmités; il ne laiffe pas de trembler fenfiblement quand on fonne l'une des cloches de cette Eglife & qui eft la plus petite; tandis que le fon des autres qui font dans la même tour ne fait pas cet effet; il eft cependant tel, que l'eau d'un vafe que je plaçai deffus fut répandue par les vibrations du Pilier. On le nomme à Reims, le *Pilier tremblant*; & on le montre comme une merveille à chaque Etranger.

S'il plait à Dieu & aux Poftillons, je quitterai Reims demain matin, & ferai après-demain à Paris, jadis la *petite Lutèce* de l'Empereur *Julien*, dont les habitans furent fes favoris pour leur humeur férieufe & réfléchie, mais qui fans doute ayant changé depuis ce temps, feront les miens par leur gaieté, les lumières & les agrémens de leur efprit, & même par leurs aimables folies. *Pope* dit très-bien: *Il faut toujours être beaucoup plus fou par art, qu'on ne l'eft naturellement.*

Je veux donc adopter cette maxime, dont la pratique me paroît judicieuse dans beaucoup de Sociétés du grand monde. Ma raison n'y perdra point, mes plaisirs seront plus variés, la réflexion même y gagnera; car tout en riant, on peut d'autant mieux distinguer les objets, qu'on n'est pas taxé de les approfondir. *Démocrite* étoit grand Philosophe, je veux rire comme lui, si je ne puis philosopher de même. Les momens consacrés à l'Amitié seront en tout temps ceux qui contenteront le plus mon cœur; lire vos Lettres, & vous tracer mes idées, sont des plaisirs qu'aucun regret n'empoisonne. Adieu.

De Paris.

LETTRE II.

JE suis, depuis trois mois, habitant d'une Ville que nos Allemands regardent avec admiration & respect, dont ils adoptent les Modes comme des Lois, les Vices comme des Leçons de bienséance, & la Langue comme la Science la plus essentielle pour distinguer l'homme d'avec la brute. Quoiqu'assez répandu dans les Sociétés élégantes, je pense cependant à mes Amis en Allemagne, & ne rougirai pas même de comprendre & de parler l'Allemand à mon retour. Beaucoup d'Etrangers, tout en arrivant à Paris, s'occupent à admirer le local de cette Ville immense, à parcourir ses environs qui offrent mille objets pour charmer les regards du Curieux, & pour former le goût du contemplateur attentif; les Spectacles François dont l'Europe raffole, occupent aussi les loisirs de tout jeune Voyageur, & souvent leur célébrité & les prestiges qui les entourent, ne leur laissent voir que des perfections en les aveuglant sur leurs défauts, & ce seroit du mauvais ton qu'un jeune Allemand revenant de Paris trouvat un autre Spectacle supportable après avoir vu jouer le *Kain* & la *Raucourt*. Mais quand des Etrangers recherchent les bonnes Sociétés Françoises, divers obstacles rebutent ceux qui voudroient jouir promptement & ne point endurer les ennuis d'un noviciat, auquel ils sont souvent réduits avant d'y être reçus & de pouvoir prendre part aux coteries brillantes; alors les Courtisanes ne manquent pas de profiter du dépit qu'ils éprouvent contre la Société distinguée, mais difficile; elles s'emparent de tout leur loisir & de leurs bourses; cependant plusieurs Allemands qui n'ont connu d'autre société que celle-là, affectent à leur retour de Paris de mépriser leurs Compatriotes, & de citer pour modèles nombre de Ducs & de Duchesses qu'ils n'ont tout au plus entrevus qu'aux Promenades publiques.

Mon séjour à Reims où je fis quelques connoissances, les soins affectueux de notre Ambassadeur, & l'amitié du Comte de C***, dont je vous ai parlé dans ma première Lettre, m'ont facilité les entrées dans plusieurs bonnes Maisons; j'y retrouve aussi plusieurs Personnes distinguées qui ayant reçu en Allemagne des honnêtetés dans celle de mon Père, veulent bien me rendre la pareille ici. Le Jeu entre pour beaucoup dans la plupart des Sociétés; les Parisiennes

risiennes, avec tant d'esprit pour rendre la Conversation agréable, ont la fureur du jeu & l'avidité du gain; des nuits entières leur paroissent trop courtes à l'entour d'une table de *Macao* ou de *Trente-&-Quarante*.

Le Jeu, les Spectacles, la Toilette & la Galanterie, occupent si fort la plupart des jeunes élégantes, que la voix de la nature n'a guère le temps de se faire entendre; les devoirs d'Épouse & de Mère doivent faire place aux devoirs de bienséance, & de mode; la plupart des Demoiselles élevées aux Couvens prononcent le *oui* du mariage avec autant de connoissance que le *oui* de leur baptême; là des Parrains, ici des Parens prononcent & s'engagent pour eux.

> La jeune Églé de pompons couronnée,
> Devant l'Autel à minuit amenée,
> Va dire un oui, d'un air tout ingénu,
> A son Mari, qu'elle n'a jamais vu.
> *Voltaire.*

Quel bonheur peut-on se promettre d'un lien que l'intérêt, ou l'ambition d'un côté, & le désir de l'indépendance ou la contrainte de l'autre, ont seuls cimenté? Aussi le bonheur domestique est un mot qui à Paris, ne semble valoir que pour les classes subalternes; avec des richesses, autres maximes; soupés fins &

B

délicats où l'esprit recherche des affaisonnemens aussi pointilleux que le Palais, où souvent le Maître du logis s'y prépare d'avance à l'égal de ses Cuisiniers, eux pour y servir un Ragoût nouveau, & lui pour y débiter un nouveau Calembour; petites Maisons qui offrent tous les plaisirs, toutes les voluptés, au possesseur usé, qui n'en peut plus jouir; Tableaux magiques qui disparoissent comme l'ombre qu'ils représentent, dès que la clarté de la raison peut y pénétrer; commerce d'amour, où l'Amant & l'Amante raffinent à qui se trompera le mieux, ou à qui sera le plus long-temps dupe; voilà ce que beaucoup de gens du bel air ont substitué aux mœurs de l'ancienne Chevalerie Françoise. Il existe cependant encore des ménages dignes du bon vieux temps, où l'on voit la vertu respectée sans que l'esprit & les agrémens y perdent. *Boileau* n'en citoit que deux ou trois, je crois déjà en avoir entrevu davantage.

Le François en général réussit en tout ce qu'il veut entreprendre; mettez la Vertu à la mode, & tout Paris sera vertueux. Présentement la mode vient de faire la loi aux Mères d'allaiter leurs Enfans; aussi voit-on beaucoup d'élégantes, surtout de celles qui ont la gorge jolie, faire gloire de se montrer comme Nourrices, non feulement dans leurs maifons, mais même dans les promenades publiques, & on les voit, pour fuivre l'ufage, donner le fein à ces enfans que, peut-être, le cœur méconnoîtra quand la mode les difpenfera d'en prendre foin. On voit peu de belles Françoifes, mais la plupart font fi jolies, fi remplies d'efprit & de grâces, que la beauté régulière n'emporteroit pas l'avantage de plaire plus qu'elles, cependant la vie diffipée, les longues veilles, le peu de mouvement, & l'empreinte des paffions flétriffent bientôt les appas des Françoifes; heureufement qu'il exifte à Paris tant de recettes de beauté, tant de fards, & de pommades, que l'apparence de la vieilleffe y eft déguifée, & retardée autant que poffible, & que les vifages du foir & du matin diffèrent fouvent comme un mafque, d'un beau vifage. Ce n'eft qu'à regret que les Françoifes fentent difparoître la jeuneffe; elles ne peuvent s'habituer à voir le cercle de leurs adorateurs s'éclipfer à l'approche des rides de la vieilleffe; alors, pour jouer encore un rôle, il faut devenir ou Dévote ou Savante: comme Dévote, on fronde les douces erreurs que la Jeuneffe fait naître; on oublie qu'on a été jeune & foible autrefois; on fait choix d'un Directeur Janfénifte, & l'on fe fait fuivre par la crainte, comme on l'étoit jadis par les attraits : Comme Savante, l'on donne de bons foupés à Meſſieurs les Savans ; l'on tient cercle de Littérature ; on y abaiſſe tous les Gens de Lettres qui ne font point de la fecte, & on y condamne tous les ouvrages qui n'ont point été portés aux pieds de cet aréopage.

Notre Ambaſſadeur me fit faire la connoiſſance de madame de *Geoffrin* ; cette Dame joint toutes les qualités du cœur aux charmes d'un efprit éclairé & agréable, & n'eſt furement point dans la claſſe de ces favantes dont je viens de parler ; fa maifon eſt le centre du bon goût & des talens ; & quoique j'y aye vu pluſieurs fois des guêpes y diſtiller leur venin parmi le miel des abeilles, le nombre des abeilles y prédomine cependant. Je me trouve beaucoup en fociété avec une Dame qui n'a point attendu la perte de la beauté pour briller par les talens ; c'eſt la Comteſſe de B... ; vous connoiſſez fes ouvrages ; l'efprit y répand les traits les plus délicats, le fentiment & la gaieté s'y nuancent avec les grâces ; les charmes de fa perfonne furpaſſent encore ceux de fes écrits ; fes appas ont été célébrés par autant de jolis vers que fon efprit en a produit des fiens. Le Marquis *de Peſai*, & M. *Dorat* font toujours de fa fuite ; j'y foupe une couple de fois la femaine, & j'occupe une place dans sa loge aux Français.

M. *Dorat* est d'un commerce bien agréable; l'aménité de son caractère semble répondre à cette teinte de douceur & de tendresse qui caractérisent ses vers : on le nomme l'*Ovide* François; son esprit toujours saillant n'est jamais satyrique, & ses charmans ouvrages sont le bouclier qu'il oppose aux traits que l'envie ne cesse de lui lancer. Madame *du Bocage* est aussi une des Dames connues dans le monde littéraire par nombre de jolis ouvrages; sa Colombiade, & ses Voyages en Italie & en Angleterre, sont estimés par tous les gens de goût; on trouve dans sa maison toute l'aménité d'une société choisie : le luxe, l'esprit de médisance, & les vices à la mode, y sont place aux vertus aimables : Sa jolie Nièce eut trouvé grâce dans la satyre de *Boileau* par la candeur de ses mœurs.

Vous voyez que je me sauve quelquefois dans la république des Lettres, pour éviter la rencontre des Rois de Trèfle & de Carreau, qui souvent me font éprouver leurs fureurs tant dans les Palais des Princes, que dans d'autres Sociétés brillantes.

Paris offre à ses habitans le choix de toutes les sociétés selon le génie d'un chacun; l'Homme de Lettres y trouvera la société de ses semblables ; l'Homme du Monde aimant les plaisirs bruyans & variés, les voit naître sous ses pas ; & le Philosophe contemplateur y trouve la tranquillité pour lui-même, & mille sujets de réflexion dans les objets qui l'entourent. Cette variété d'objets doit nécessairement fournir l'esprit de nouvelles idées ; & une jolie Femme qui ne sauroit que les petites histoires du jour seroit par là même fort amusante ; ainsi une Femme d'Esprit dans une autre Ville, en auroit encore plus à Paris, vu la quantité & la variété des objets sur lesquels elle pourroit l'exercer ; & une Femme vraiment sotte à Paris le paroîtroit encore davantage en tout autre endroit qui n'offriroit point tant de sujets d'une conversation facile, dont un peu de mémoire peut faire tous les frais. Le François dans les premiers élans de sa jeunesse, me paroît trop occupé de ses amusemens pour être fort intéressant, sinon dans ce genre ; mais le François qui a jeté son premier feu, est sûrement, en société, l'homme le plus intéressant & le plus aimable du monde ; la culture de son esprit ne nuit point à sa gaieté, & son savoir s'embellit par elle. Cette Lettre, malgré quelques réflexions critiques que le sentiment seul, & non l'esprit de satyre, m'a dictées, vous fera connoître que le séjour de

Paris doit paroître délicieux à un jeune homme qui ne hait point les plaisirs de son âge, & dont l'Esprit & les sens sont avides de jouir: Oui, votre ami est enchanté de ce séjour! mais les rians objets qu'il y trouve ne l'aveuglent pas assez pour ne pas reconnoître la futilité de quelques-uns, & le danger de beaucoup d'autres; du sein des plaisirs qui l'environnent, de ces plaisirs si ardemment désirés & souvent si peu sentis, je jette un regard sensible vers la retraite que vous occupez, vers ces champs paisibles où la Philosophie, l'Etude de la Nature, & les délices d'un Amour simple & vertueux, vous font couler d'heureux jours; où, à l'abri de la calomnie, du babil des sots, & du fiel des méchans, votre ame contente s'écrie avec Horace : *Non istic obliquo occulo mea commoda quisquam limat, non odio obscuro morsuque veneant!* Ah! puissiez-vous long-temps jouir d'un tel bonheur!

A nos jolies Poupées préfère ta Bergère,
Elle est simple, sans fard, sans frivole ornement,
Elle plait, sans jamais rechercher l'art de plaire,
Ni devant un miroir jouer le sentiment:
Sa naïve beauté brille sans imposture,
Elle ignore de l'art le dangereux poison,
Flottante sur son sein, sa belle chevelure
Ne s'éleva jamais en forme d'hérisson;
Mais son ame est sensible & son cœur t'est fidelle,

Il ignore nos goûts, nos fastueux besoins,
Il ne désire point une flamme nouvelle,
Satisfait de t'aimer, il y borne ses soins.

De Paris.

LETTRE III.

JE fus hier d'un dîner où tous les Maréchaux de France étoient les convives ; c'étoit chez le Maréchal de Clermont-Tonnerre, qui vient d'être créé Duc & Pair. Le matin, se tint le Tribunal des Maréchaux de France, auquel le Maréchal de Clermont-Tonnerre préside comme le plus ancien ou le Doyen des Maréchaux ; c'est dans ce Tribunal que les différens des Gentilshommes sont jugés, excepté les causes trop litigieuses & compliquées, qu'on renvoye aux Parlemens : Un Gentilhomme accusé & convaincu d'avoir frappé un autre, est condamné à 21 ans de prison ; sentence d'autant plus irrévocable, que ces accusations y sont très-rares ; car l'Accusateur qui auroit été frappé, & qui voudroit par cette voie se venger de son Adversaire, encourroit le mépris de tous les honnêtes gens, & seroit réputé indigne de porter une Epée dont il ne se seroit pas servi pour venger son honneur outragé : Les accusations pour dettes ou pour querelles sont plus fréquentes. Dès qu'on s'apperçoit d'une querelle, soit au Spectacle ou autre endroit public, des Gardes de la Police qui se trouvent par-tout, arrêtent ceux qu'ils jugent intentionnés de se battre, & les mènent chez le Doyen des Maréchaux de France, devant lequel ils doivent engager leur parole d'honneur à vider leur querelle à l'amiable ; malgré cette précaution, les Duels sont très-fréquens à Paris ; un Officier accusé devant ce tribunal & qui y a perdu sa cause, ne peut jamais plus aspirer au grade de Maréchal de France, de quelque grande naissance qu'il puisse être. Au sortir du dîner, j'allai aux *François* pour voir jouer les *Arsacides*, tragédie en six actes ; elle étoit composée en sept actes, & ce ne fut qu'avec beaucoup de peine que l'Auteur avoit consenti à en retrancher un. Quoique l'Auteur me fut inconnu, son sort intéressa la sensibilité de mon cœur ; on me dit que c'étoit un vieillard respectable fort honnête & qui avoit beaucoup d'érudition ; il n'avoit suivi que trop le précepte de l'art poëtique :

Hâtez-vous lentement, &, sans perdre courage,
Vingt fois sur le métier remettez votre ouvrage.

Il travailla trente ans à fa Tragédie, & s'égaloit par là aux anciens Auteurs grecs & latins, dont plusieurs s'occupoient nombre d'années à rédiger leurs ouvrages. Dès le troisième acte la pièce tomba, & les huées furent si fortes que les Acteurs en durent finir la représentation; l'Auteur, qui étoit au Parterre, s'évanouit de douleur en voyant la mort d'un Enfant qu'il n'avoit mis au jour qu'après tant d'années de veilles & de peines; le temps qui guérit tous les maux, guérira sûrement sa douleur, surtout s'il se représente le nombre de bonnes Pièces que la cabale, ou la mauvaise humeur du Parterre, ont fait tomber injustement à la première représentation, & dont on a reconnu le mérite ensuite. Quant à la Tragédie en six actes, que je viens de voir, les trois premiers m'ont paru mauvais; & je doute que cette Pièce reprenne au Théâtre, & que son char roulat mieux en donnant ces trois actes au diable, à l'exemple de l'Auteur du Barbier de Séville, qui par un semblable sacrifice jouit du plaisir de voir qu'on rend présentement à sa Pièce tous les éloges qu'elle mérite. Le Parterre François est toujours bon juge, s'il juge par son goût & ses propres lumières, mais souvent la haine & l'esprit de parti l'aveuglent, & l'on cabale autant pour faire tomber ou réuffir une Pièce nouvelle, que s'il s'agiffoit d'un Gouvernement. Les François fe plaignent que leur Spectacle baiffe de jour en jour, & que les talens qu'ils y voient éclorre ne pourront jamais les dédommager de ceux que la mort ou la vieilleffe leur a enlevés : plus de Mlle. *le Couvreur*, plus de *Clairon*; l'on doute que *la Rive*, malgré les avantages de la plus belle figure, puiffe remplacer le *Kain*; *Molé*, excellent Acteur dans la Comédie, n'a pas de poitrine pour le Tragique; Mlle. de *Raucourt*, qui enchanta tout Paris à fon début, me paroît caufer moins d'admiration préfentement ; fa figure cependant eft toujours charmante, & fon jeu me femble vif & foutenu. Madame *Veftris* réunit auffi une figure très-agréable aux charmes de l'organe le plus flatteur; fon jeu m'a paru noble & très-bien raifonné ; on lui reproche cependant trop de froideur, & un manque d'expreffions naturelles; je ne me crois pas affez bon juge pour dire mon avis là deffus, elle m'a vivement touché dans le rôle d'*Amenaïde*, & je veux goûter le plaifir fans y chercher des défauts, dont l'analyfe pourroit diminuer le contentement que j'éprouve. Mlle. *Fany*, dans les rôles de Soubrette, & Mlle. *Doligni*, dans ceux de Naïveté & de Douceur, font des Actrices incomparables, & *Pré-*

ville enchante & égaye toujours la fcène, malgré qu'il avance en âge. En général le Spectacle François me fait le plus grand plaifir, fans cependant me rendre enthoufiafte, & je fuis perfuadé que nous atteindrons bientôt en Allemagne à ce point de perfection que la Scène Françoife s'appropprie depuis long-temps avec quelque droit. Il n'en fera pas de même pour le choix des Pièces, à moins qu'on n'adopte en Allemagne la même rigidité tant dans leur examen avant de les admettre, que dans le jugement qu'on en porte quand elles paroiffent fur la fcène; la certitude qu'ont nos Auteurs de l'extrême indulgence du public, leur facilite trop les Ouvrages Dramatiques, & notre Théâtre Allemand fe voit par là inondé de Comédies très-médiocres & de pitoyables Tragédies, dont cependant la repréfentation fe renouvelle encore fréquemment. Cette indulgence me paroît d'autant moins néceffaire, que le nombre d'excellentes Pièces Allemandes dont des génies ont enrichi notre fcène, devroit nous rendre plus févères pour les productions médiocres, furtout dans les Villes Capitales, où les Tableaux des Paffions, des Vertus, des Vices & des Ridicules ne font point tellement ufés, qu'un habile pinceau n'en puiffe encore tirer grand parti; au lieu d'obfcurcir notre fcène avec de plats Romans mal dialogués en guife de Tragédie, ou par des Comédies remplies de jolis propos à amufer des Corps de garde. Mais enfin toutes les Pièces dans ce genre ne font que des nuages qui offufquent la lumière pour un inftant & que la clarté du génie faura entiérement diffiper. Alors nos Théâtres Allemands fe glorifieront d'une jufte rivalité avec les François; furtout le Théâtre de Vienne, où Sa Majefté l'Empereur, qui réunit le goût des beaux-arts aux Talens du Héros & du Légiflateur, y a attiré nombre d'excellens Acteurs.

Je me fuis trop arrêté fur le chapitre de la Comédie, pour vous dire quelque chofe de l'*Opéra François*; il eft tant eftimé de l'aimable nation où je me trouve, que ce feroit un facrilége que d'en médire. En apprécier le mérite & ofer juger la Mufique Françoife, eft un droit que cette nation femble s'être réfervé pour elle feule. Je regarde l'*Opéra* comme l'Arche du Seigneur, qu'un profane ne peut toucher fans tomber: pour moi, je manquai de tomber de fommeil chaque fois que je m'y arrêtai quelque temps: ce n'eft pas que les danfes n'y foient fuperbes, que l'orcheftre n'y foit excellent, que quelques voix n'y foient fort bonnes, mais l'enfemble m'infpire un ennui dont je ne puis me défendre, fans trop en connoître la raifon;

je vous dirai donc une raifon de femme, je m'y ennuie puifque je m'y ennuie. Pour les petits Opéra François fur le Théâtre Italien, ils me caufent le plus grand plaifir, & fouvent je voudrois me partager pour pouvoir affifter aux *François* & aux *Italiens* tout enfemble; quant aux Salles de Spectacles, hors celle de l'Opéra, aucune n'eft digne d'une grande ville, & nos Théâtres en Allemagne ont plus de régularité & de magnificence. En été, au fortir des Spectacles, on jouit de la fuperbe Promenade des Thuilleries, & de celle du Palais Royal, où l'on trouve toujours un grand concours de beau monde; c'eft là qu'on voit des Élégantes fe promener, menant avec grâce leur petit chien attaché à un ruban rofe, c'eft là, ainfi qu'aux Colifée & Vaux-Hall, que les Courtifanes étalent des parures nouvelles fouvent bizarres & ridicules, mais pas moins imitées par les Dames du plus haut rang. Le Colifée & le Vaux-Hall offrent un amufement charmant, tant par la jolie promenade, que par l'efpèce de féerie qui femble régner dans ces endroits; une foule, continuellement fémillante, cependant fans aucune gêne; une Illumination tout au mieux arrangée, & qui fait refplendir nombre de Beautés qui cherchent à être vues; des feux d'artifices, des Danfes, tout cela offre un coup d'œil enchanteur à l'Etranger qui en jouit les premières fois. C'eft dans ces falles, où l'illufion règne en fouveraine, que les Courtifanes jettent les premiers fondemens de leur empire; c'eft là, où les cœurs fe marchandent, & où Vénus met fa ceinture à prix; l'Etranger qui paroît riche, & furtout les jeunes Lords, font comme les fultans de ce Royaume; ils peuvent jeter le mouchoir à la plus belle, pourvu que des rouleaux de guinées s'y enveloppent; beauté, grâce, efprit, gentilleffe, tout s'y trouve, hors la vertu & la fanté. *Uliffe* fe bouchoit les oreilles pour réfifter aux chants des Sirènes; il lui faudroit ici plus de précaution encore.

Les Laïs Françoifes femblent même furpaffer les Grecques dans l'art de féduire; tantôt comme *Afpafie*, elles raifonnent avec les Sages; tantôt naïves & paffionnées, elles jouent le fentiment avec les novices; tantôt graves & politiques, elles pénètrent dans les fecrets des Miniftres; enfin folles & effrénées avec les Libertins, elles font comme autant de Protées changeant de forme felon les occurrences: nos Laïs Allemandes n'en favent pas autant, *Felix Ignorantia!*

Si ces Promenades femblent confacrées à l'Amour, le Jardin du Luxembourg & celui des Plantes font réfervés pour les Convalefcens, les Politiques, les Philosophes & les Gens de Lettres; cette classe est fort nombreuse à Paris, & se divise en plusieurs genres; tel celui des Erudits; la connoissance de l'Histoire, & de l'Antiquité forme la base de leur étude. Celui des Naturalistes & Physiciens, des Auteurs dramatiques, des Poëtes & des Beaux-Esprits; ce genre est le plus nombreux. Pour les vrais Philosophes, ils sont rares par-tout, surtout dans les grandes Villes, où une ame exempte de passions, de vices & de préjugés, est un être fort rare. Au reste, point de Ville où les Arts & les Belles-Lettres soient plus cultivés & encouragés qu'à Paris, où il y a six Académies fameuses; savoir, l'Académie Françoise, celle des Inscriptions & Belles-Lettres, celle des Sciences, celle de Peinture & de Sculpture, celle d'Architecture & enfin celle de Chirurgie.

L'Académie Françoise est la plus célèbre & la plus distinguée; elle est composée de quarante Membres, plusieurs Ducs & Pairs sont de ce nombre; à peine un des quarante vient de mourir, que des centaines d'aspirans depuis les premiers Princes & Ducs jusqu'aux Gens de Lettres qui n'ont d'autre appui que leurs talens, cabalent pour lui succéder; point de charge de Ministre qui soit plus briguée que l'honneur d'être membre de l'Académie Françoise. Le

Comte

Comte de *Buffon*, si connu par ses ouvrages, en est le Directeur; les prix qu'on y donne sont pour les Éloges des Grands Hommes morts & pour des Pièces d'Eloquence, tant en prose qu'en vers. Le nombre des vastes & riches Bibliothèques publiques à Paris fournit les moyens de s'instruire en tout genre sans aucun frais; telles sont les Bibliothèques du Roi, de St. Victor, du Collége Mazarin, des Avocats, de la Doctrine Chrétienne, de la Ville, de la Faculté de Médecine & de l'Université. Celle du Roi, qui n'est ouverte que deux fois la semaine, est la plus considérable & la plus riche en Manuscrits & Livres fameux; parmi ces Livres sont des originaux, des Livres de *Zoroastre*, &c. L'arrangement qui règne dans cette Bibliothèque est des plus remarquables; les Salles & Galeries sont des plus vastes; au milieu du grand Salon est le *Parnasse François*, exécuté en bronze, ouvrage admirable; les Poëtes qui ont illustré la France y sont représentés avec leurs Ouvrages: le Cabinet d'Estampes, qui est dans cette même Bibliothèque, est aussi très-curieux. On voit à Paris des Tableaux superbes, peints par les plus fameux maîtres; telle la Galerie du Louvre, celle du Palais Bourbon, celle du Luxembourg. De même beaucoup de Particuliers ont des Cabinets de

Tableaux, dignes d'admiration. Quoique les François ayent moins de génie pour l'Architecture, concernant l'extérieur des Maisons, que pour ce qui concerne la partie intérieure, à laquelle ils savent donner tous les agrémens & les commodités possibles ; il y a cependant à Paris des ouvrages d'Architecture de la plus grande beauté ; comme la Façade du Louvre, le Palais Bourbon, l'Hôtel des Invalides, l'Hôtel de Chirurgie, l'Hôtel des Monnoies, la nouvelle Eglise de Ste. Geneviève, à laquelle on travaille actuellement ; cette Eglise fera un des plus beaux Monumens de Paris ; le Portail, qui en est achevé, & qui imite les plus beaux ouvrages de l'Antiquité, est digne de la plus grande attention.

On trouve aussi à Paris de beaux Ouvrages de Sculpture ; on voit dans l'Atelier de M. *Pigalle*, le plus célèbre Sculpteur de Paris, le Mausolée du Maréchal *de Saxe*, vrai chef-d'œuvre, tant pour la beauté des figures, toutes en marbre, que pour le dessein hardi & les heureuses attitudes ; mais la figure du Maréchal de Saxe est trop petite, ce qui donne un grand défaut à cet ouvrage ; on voit aussi dans plusieurs Églises des Pièces superbes de Sculpture : la plus belle est le Tombeau du Cardinal de *Richelieu :* dans l'Eglise de la Sorbonne, on voit la figure de ce Miniſtre à demi-couché; celle de la Religion qui l'aide à ſe ſoutenir, les deux Génies qui portent ſes Armes, une Figure de Femme repréſentant les Sciences, & qui paroît dans la douleur. Cet ouvrage, qui eſt du fameux *Girardon*, eſt regardé comme le plus achevé ; de même dans l'Egliſe de St. Louis du Louvre, le Mauſolée du Cardinal de *Fleury* eſt d'une grande perfection. Heureux celui qui ſait apprécier tant de beautés, tant de tréſors, qui s'offrent par-tout à ſes regards ; heureux celui qui du tumulte des plaiſirs, revient ſe délaſſer dans le ſein des lettres & des beaux-arts ! jamais les dégoûts, jamais l'ennui, ces premières ſources des regrets & des vices, ne trouveront entrée dans ſon ame.

Jouiſſons du Printemps, prolongeons ſon ivreſſe,
Suivons des Paſſions le cours tumultueux ;
Mais au milieu des feux de l'ardente jeuneſſe,
Préparons-nous encore un avenir heureux.
Quand, courbés ſous le poids de la triſte vieilleſſe,
Vénus mépriſera nos feux & notre ardeur,
Que de Minerve encor la voix enchantereſſe,
Au défaut de l'amour, nous rappelle au bonheur.

Ces Vers, que j'adreſſai à M. *Dorat*, peignent bien la ſituation de mon ame ; la vôtre eſt plus tranquille ; chaque âge a ſes ſenſations ; l'amitié ſeule eſt de tout temps, & la mienne pour vous ne finira qu'avec la vie.

C ij

De Paris.

LETTRE IV.

Tu me crois égaré dans cette Ville immense,
Où règnent les plaisirs, les arts & l'opulence ;
Je vis dans un Désert, conforme à mon malheur,
Le Deuil de la Nature y flatte ma douleur ;
Sous les regards d'un Dieu, sous sa main menaçante,
Je pleure mes Erreurs & celles d'une Amante.
Lettre de l'Abbé de Rancé.

C'est au retour de l'Abbaye de *la Trappe* que je vous adresse cette Lettre : Soit curiosité, soit quelque moment de mélancolie, l'idée me vint de voir par mes yeux la situation d'une Retraite si austère & par-tout si célèbre, tant par son institution que par la rigidité extraordinaire qui y règne parmi les Solitaires : Je me mis donc en cabriolet, seul avec mon ami G***, & pris le chemin vers l'Abbaye. Cette Abbaye est située dans le Comté de Perche à trente-quatre lieues de Paris ; la route est la même que celle de Bretagne jusqu'à la distance de cinq lieues, où l'on s'engage dans un chemin de traverse qui mène à l'Abbaye ; ce chemin est terrible & presque impraticable en carrosse, étant par-tout entre des rochers. A une lieue de *la Trappe*, on entre dans un grand Bois, au bord duquel le Couvent eſt ſitué. Cette ſituation eſt des plus mélancoliques ; un bois ſombre ſe préſente d'un côté ; de l'autre, des Montagnes arides & incultes. Le climat eſt très-rude ; il y fait un froid exceſſif cauſé par les montagnes, car à cinq lieues de là, il faiſoit une chaleur prodigieuſe ; je me crus tranſporté dans les Pays du Nord. On n'y trouve d'autre bâtiment que le Couvent & une Auberge où les Étrangers ſont nourris pendant quelques jours aux dépens du Couvent, qui eſt fort hoſpitalier. Mon intention étant de connoître à fond les Inſtituts de l'Ordre, je préférai le frugal repas des Solitaires & ne fus point du tout à l'Auberge ; je fus admis dans le Couvent, à l'Égliſe, à leurs Tables, à leurs Travaux, dans leurs Cellules ; enfin je fis trois jours de Noviciat. Ce Couvent n'avoit pas d'Inſtituts différens des autres avant l'Abbé de *Rancé* ; ce fut lui qui y établit toutes les auſtérités qu'on y pratique préſentement. Il eſt connu que le déſeſpoir porta l'Abbé de *Rancé* à aller ſe confiner dans ce déſert, y devenir le Réformateur de quelques Moines qui y étoient retirés, & y établir une ſévérité que le déſeſpoir ſeul a inventée. Les Poëtes & les Romanciers ont beaucoup parlé de l'Abbé de *Rancé*, & ont embelli ſon hiſtoire selon qu'ils l'ont jugé convenable à leurs sujets. La voici en peu de mots. L'Abbé de *Rancé*, joignant une figure agréable à un esprit infiniment aimable & éclairé, jouissoit de tous les plaisirs d'un monde frivole, jamais une idée de retraite & de solitude n'avoit frappé son ame. Dans la foule des plaisirs, un violent attachement pour la Duchesse de B*** avoit su captiver son cœur; des affaires l'ayant arrêté pour quelques jours à la campagne, il retournoit à Paris avec la plus grande impatience de revoir l'objet de sa coupable flamme; arrivé à sa maison, il entre, par un escalier dérobé, monte au cabinet où il s'attendoit aux plus vifs transports de l'amour; mais un cercueil exposé dans la chambre lui offre l'image de la mort au lieu des plaisirs qu'il désiroit : plus loin, sur une Table, il trouve un linceul, & voit en le soulevant la tête de son Amante, morte depuis deux jours, & dont on avoit séparé la tête pour la mettre dans une caisse du tombeau de ses pères. Pénétré de désespoir, tous ses plaisirs passés lui deviennent odieux; il quitte Paris & le monde, pour aller se confiner à *la Trappe*; il y fait des vœux; &, devenu Supérieur, il y institue ces Règles dont l'extrême sévérité sembloit flatter sa douleur. Ces Solitaires passent onze heures par jour à l'Eglise; leurs prières se font avec une ferveur édifiante. Il est surprenant que des hommes puissent s'occuper si long-temps des choses célestes sans avoir au moins quelques momens de distraction; tels cependant je les trouvai; pendant quatre heures que je fus journellement avec eux à l'Église, aucun d'eux ne leva la tête, ni ne détourna les yeux pour voir son voisin; je crus remarquer encore plus de ferveur parmi les jeunes que parmi ceux d'un âge plus avancé; deux beaux jeunes gens frappèrent mes regards; le désespoir étoit peint sur leurs visages, & on y lisoit tout le trouble de leurs ames. Ces solitaires ne se parlent jamais, ils ignorent entre eux leurs noms & leurs naissances; le Supérieur seul en est instruit; ils ne peuvent avoir aucune correspondance & sont regardés comme morts au monde; ils n'apprennent jamais la perte de leurs parens; mais si le Supérieur en est instruit, il dit tout haut dans l'Eglise: Le Père, ou la Mère de l'un de vous vient de mourir; priez Dieu pour son ame. Ils dînent en communauté, & je dînai avec eux à la même table; ils ne mangent que des racines & quelques légumes qu'ils cultivent eux-mêmes dans un grand jardin, qui suffit seul à leur nourriture. Aucun d'eux encore ne leva les yeux à table pour se regarder mutuellement, ni même

C iv

pour tourner les yeux fur moi, quoique je fiffe à deffein beaucoup de bruit en laiffant tomber plufieurs fois ma fourchette à terre; on les eut pris pour des ftatues qui remuoient la bouche de temps en temps. Je fis la même chère qu'eux & penfai mourir de faim, affamé que j'étois d'un long voyage. Leur dîné fini, ils vont dans le jardin travailler à leurs tombes; de là encore à l'Eglife, où ils reftent jufqu'à l'inftant de fe coucher. Leurs Cellules ne reçoivent le jour que par de grands trous fans vitres, ce qui donne un froid fi exceffif, dans un climat auffi rude, que leurs couvertures font toujours glacées. Le doux fourire eft banni de cette trifte demeure; pas un inftant de calme, ni de plaifirs; la nature y gémit fans ceffe & y eft fans ceffe opprimée; on y vit inconnu, féparé, ignoré de tout le monde, n'ayant de compagnon que fa douleur & la certitude de n'en voir la fin qu'avec la vie. Leur Noviciat eft de deux ans, après lequel ils ne peuvent jamais quitter. Un étranger peut y refter trois jours & vivre parmi eux; mais ce terme fini, on lui demande s'il veut entrer au Noviciat, finon qu'il doit quitter ce féjour. Ces Solitaires ne fe parlent jamais hors qu'ils ayent quelques doutes ou cas de confcience, ils ofent le dire au Supérieur; un d'eux eft deftiné pour parler aux Étrangers; le fort de celui-ci me paroît le plus doux; il me montra le Tombeau de l'Abbé de *Rancé*, ainsi que celui du Comte de *Comminge*, dont il m'assura l'histoire pour véritable, laquelle contribue encore à la célébrité du lieu. Cette histoire inspire des idées tendres & romanesques qui, joint à l'enthousiasme qu'on y respire, pourroient faire tourner la tête à tout Amant malheureux qui viendroit contempler ce séjour. Le Moine qui me parloit & m'expliquoit toutes les choses relatives à son ordre, étoit un homme de très-bons sens; il me dit qu'il avoit été Chevalier de *St. Louis*, & qu'il avoit servi dans la guerre de succession. Il me dit encore que la Duchesse de ***, & quelques autres Dames, étoient venues depuis peu déguisées en homme à l'Abbaye, mais que l'Hôte de l'Auberge les ayant reconnues & en ayant averti le Supérieur, ces Dames ne trouvèrent point accès dans l'Abbaye; l'Hôte me raconta qu'un des Pères de *la Trappe*, qui marchoit en priant dans une allée de pommiers attenante à leur jardin, fut rencontré par un jeune Officier, qui lui demanda le chemin pour Rennes; ce Moine ne pouvant rompre les vœux d'un éternel silence qu'il avoit prononcés devant Dieu, lui montra la route du doigt; sur cela cet Officier, qui sans doute étoit pris de vin, impatienté de ne point obtenir de réponſe, deſcendit de cheval, jeta le Moine à terre, & lui donna nombre de coups de fouet; voulant remonter enſuite à cheval, ſon cheval ſe cabra & ne voulut point le laiſſer remonter; ce que voyant le Moine, il ſe releva de terre tout moulu de coups, & ſans prononcer ni plainte, ni parole, il prit le Cheval par la bride, & tint l'étrier au Cavalier. Si cette hiſtoire eſt vraie comme l'Hôte me l'a juré, cet exemple de vertu & de patience eſt plus admirable que toutes leurs macérations. Le fameux *la Mothe*, ſans doute troublé d'une mélancolie poëtique, alla très-jeune ſe confiner à *la Trappe*, mais dans la ſeconde année de ſon Noviciat, ſa verve poëtique ſe réchauffa à la vue d'une belle *Ste. Vierge*; il compoſa un long poëme en ſon honneur; il demanda alors la permiſſion de parler au Supérieur & lui fit part du ſacré Poëme qu'il venoit de compoſer; mais au lieu des louanges qu'il attendoit, il fut repris par le Supérieur, qui lui reprocha de s'occuper de talens mondains & lui fit défenſe d'y ſonger encore; le dépit qu'il en eut, lui fit quitter cet Ordre, & par là les Muſes ont eu un excellent Poëte de plus & la Religion ſans doute un mauvais Moine de moins; beaucoup de ſes

Poësies respirant une licence peu convenable dans un Cloître.

Vous voyez que j'ai rapporté beaucoup d'anecdotes de *la Trappe*, & que cette petite tournée ne m'est point à pure perte; je vais dans quelques jours à *Fontainebleau*, où la Cour se trouve actuellement : On m'a promis de m'y faire courir le Cerf ou le Loup, & étant passionné Cavalier, je me réjouis beaucoup pour cette chasse; je ne vous parlerai point des *Maisons Royales*; chaque Almanach les décrit; je regrette les beaux Arbres du Parc de Versailles; je vais les premiers Dimanches du mois voir jouer les Eaux de *St. Cloud*; la foule du Peuple qui s'y trouve amuse beaucoup, & j'aime à m'y mêler quelquefois; le Peuple Parisien passe pour badaud, mais on se tromperoit fort en le regardant pour sot; à travers sa naïve gaieté l'on distingue des traits d'un esprit saillant. Chaque Ouvrier chante gaiement à son atelier. Peuple heureux, qui souvent se console des malheurs de l'Etat & du sien propre, en chantant une chanson nouvelle contre les fautes des Généraux d'Armée, ou contre l'oppression des Ministres !

De Paris.

LETTRE V.

Quoique la frivolité soit l'attribut de mon âge, & qu'un jeune Gentilhomme ne semble courir le monde que pour courir après les plaisirs, plus ou moins diversifiés selon les nations où il se rencontre; je pense cependant que tout Citoyen doit se faire un devoir envers sa Patrie d'y rapporter, en revenant de ses Voyages, quelques connoissances, quelques lumières de plus qu'il n'avoit en la quittant. Qu'un Voyageur soit imbu de cette maxime, & qu'il y employe ses soins, on doit lui savoir gré de sa bonne volonté, si même le succès ne répondoit pas à ses désirs! Prenez cette apologie pour mon propre compte, & voyez au moins dans les réflexions suivantes ce désir de connoître, qui est toujours le premier pas dans le chemin des connoissances: Je me suis proposé d'acquérir quelques notions sur le Gouvernement des Pays où un assez long séjour me permettra d'y pénétrer. Ce n'est que par l'exemple des égaremens d'autrui, ou par les siens propres, qu'on peut parvenir à trouver le vrai chemin. Or, la plupart des Gouvernemens font un compofé de bon & de défectueux; fouvent fes parties foibles font attachées à fa conftitution même; fouvent ils font le fruit des préjugés, &, plus fouvent encore, leurs fources fe trouvent dans la foibleffe de ceux qui y préfident, & qui n'ont ni la volonté ni le génie propres à y remédier. Si la bonté d'un Gouvernement, fi fes Inftitutions réellement utiles, peuvent éclairer un Etranger qui les recherche, & qui faura en temps & lieu fe fervir de ces connoiffances; quel fruit ne peut-il point retirer auffi des fautes qu'il y fait remarquer & des triftes conféquences qui les fuivent?

Telle eft l'utilité de la connoiffance des Gouvernemens, par rapport au Gouvernement même; mais quelle plus grande utilité encore, par rapport à la Politique. Ce n'eft que d'après la fcience certaine de la Conftitution des Etats qui en font l'objet, que la Politique peut réuffir efficacement; c'eft en connoiffant jufqu'au moindre détail des Etats avec lefquels on veut traiter, qu'on peut y trouver de l'avantage; & ce n'eft qu'en découvrant tous les refforts qui font mouvoir ces vaftes machines, qu'on peut parvenir à avoir part avec fuccès à leur direction. Mais fi les avantages que nous donne cette connoiffance font affurés, la difficulté de l'approfondir eſt de même certaine. Qu'il eſt difficile de connoître le vrai parmi les erreurs dont chacun ſe plait à l'envelopper! & que de pénétration ne faudroit-il point à un Etranger pour démêler le fort & le foible d'un Gouvernement juſque dans ſon principe.

La voix du Peuple, premier objet de la bonté ou de la foibleſſe d'un Gouvernement; celle des Grands, qui en dirigent les reſſorts, & celle de ſages, qui recherchent le vrai & le méditent en ſilence, me paroiſſent les plus ſûrs moyens pour faciliter cette connoiſſance. Mais ces moyens mêmes ſont ſouvent trompeurs. Le Peuple qui ne voit tout qu'après les premières impreſſions, qui juge de tout ſans en connoître les cauſes, ne ſauroit être un juge aſſuré. La voix des Grands portée en faveur d'un Gouvernement qu'ils aiment, & dont ils font partie; ou contre un Gouvernement dont ils ſe voient exclus par des rivaux, eſt quelquefois ſuſpecte. La voix des ſages enfin, de ceux qui, ne tenant pour rien au timon des affaires, ne le connoiſſent que par l'étude qu'ils ſe ſont faite du vrai, me paroît la moins incertaine; mais le Philoſophe qui eſt parvenu à le connoître, ſait auſſi combien les conſéquences en ont été triſtes pour ceux qui ont oſé en faire publiquement profeſſion; il ſait que la vérité est odieuse par là même qu'elle est vérité; il gémit du mal dont il connoît les causes, mais il gémit en silence sans en vouloir les déclarer. Il est un Sage cependant qui a osé élever sa voix contre les abus qui règnent en France, & dont les écrits éloquens ont ébranlé le Ministère; c'est principalement à sa conversation que je dois les réflexions sur le Gouvernement, que je vais vous communiquer; j'ai écouté aussi la voix des Grands avec lesquels je me suis trouvé, & je n'ai point craint de me mêler parmi le Peuple, afin de connoître aussi ses sentimens.

Quand on considère l'étendue de la France & l'heureuse harmonie que la nature semble avoir formée entre les trente-deux Provinces qui la composent, en offrant avec abondance à l'une ce qui manque à l'autre, dans ses productions naturelles; quand on voit son commerce fleurir, & étendre ses branches jusque dans toutes les parties de l'Europe; ses goûts adoptés & pris pour modèles, les sciences & les beaux-arts y exceller de toute part; quand on y voit un Peuple laborieux & toujours inventif: Qui ne seroit tenté de croire à ce premier coup d'œil, que la France jouit de tout le bonheur que la nature & l'industrie peuvent donner à une nation en partage; on s'y représenteroit des millions d'heureux, bénissant le

Ciel qui les a formés, & le Gouvernement fous lequel ils respirent : Ce coup d'œil seroit bien consolant pour un Philosophe qui aime à voir des heureux ! mais les moindres recherches détruiroient une illusion aussi flatteuse.

Dans les différentes Provinces de la France que j'ai parcourues, je n'ai trouvé nulle part ce bonheur imaginé. J'y ai vu de vastes terrains restés incultes, malgré la fertilité du sol, des Paysans pauvres & malheureux, des Seigneurs réduits au plus strict nécessaire, n'ayant d'autres établissemens à donner à leurs Enfans que l'Eglise & les Couvens; le parti des Armes étant même trop dispendieux. Je ne parle point de la plupart des Seigneurs qui habitent Paris & la Cour; les Héritages qui appartiennent exclusivement aux aînés, les bienfaits de la Cour, soit en Gouvernemens ou autres Charges dont plusieurs sont très-considérables, & leurs Alliances avec la Finance, les rendroient très-riches, si le luxe poussé à l'excès ne consumoit leur bien. Je ne pus concevoir des contradictions aussi sensibles, j'en recherchai les causes, je m'appliquai à connoître le Gouvernement, & ce fut alors que la lumière se dévoila à mes yeux : je vis les Impôts excessifs dont la France étoit accablée depuis *Louis XIV*, je vis les abus qui y régnoient

de

de toute part, plus onéreux que les impôts mêmes, puisqu'ils appauvriffent le pays fans aucune utilité pour le Souverain : Je vis le Commerce intérieur gêné par des prohibitions fans nombre & le Commerce extérieur affoibli par la quantité de frais & de Douanes qui le minent fans ceffe; d'ailleurs les matières premières devenant plus rares par le défaut d'Agriculture, où fe trouve actuellement la France, les denrées doivent néceffairement renchérir, ce qui donne une concurrence plus favorable aux Anglois & aux nations rivales de la France pour le Commerce. Mais d'où peut provenir ce défaut d'Agriculture dans un pays auffi fertile, & avec des habitans auffi laborieux ? Je m'en vais répondre à cette queftion; je tâcherai de détailler les caufes de la misère & de la décadence de l'Agriculture.

Je commencerai d'abord par les Impôts, moins deftructifs par eux-mêmes, quoiqu'ils foient très-forts, que par la confufion qui eft établie dans leurs arrangemens, ce qui en rend la perception très-difficile & donne fujet à des malverfations fans nombre, qui ruinent le pays. Les fommes impofées annuellement fur le Peuple, font, 1° * *le Principal de la Taille*, *le*

---

* Tout ce qui eft en *lettres italiques*, tant dans cette

Taillon ou le fonds de la Gendarmerie, celui des *Maréchauffées*, & les deux fols pour livre. Toutes ces fommes, réunies fous la dénomination de premier *Brevet* ou principal de la *Taille*, font fixées immuablement fur chaque Communauté & font bafe de la Répartition.

2.° Les *Impofitions accefsoires*, qui fe répartiffent au Marc la Livre de la fomme principale, font de deux efpèces; la première fous la dénomination de *fecond Brevet*, renferme toutes les autres parties de la *Taille*, & varie foit en augmentation ou diminution félon les befoins de l'Etat, & fuivant que la fomme principale ou premier Brevet foit plus ou moins affectée par le plus ou moins de Commerce, d'Induftrie & d'Exploitations privilégiés : La feconde eft la *Capitation*, dont l'unique objet eft de fe répartir à proportion de la fomme première.

La Fixation de la Taille a été établie fur la totalité des Fonds déclarés & dans l'état où fe trouvoient alors les Exploitations taillables & privilégiées, le Commerce & l'Induftrie ; par conféquent c'eft une balance à tenir entre cette

---

page que dans les autres, pour ce qui concerne l'arrangement des Impôts, eft tiré d'après les formules qu'ont Mrs. les Intendans & Gouverneurs de Provinces pour l'arrangement & fixation des Impôts.

Fixation & les Impoſitions acceſſoires. La répartition s'adminiſtre annuellement par deux Opérations. La première eſt relative au Commerce, à l'Induſtrie, aux Maiſons ſoit en propre ou à loyer, aux Rentes, ſous-Locations, Entrepriſes, &c., ſur leſquels & d'après des taux immuables, cependant plus ou moins forts ſelon la nature & le genre de bénéfice de chaque objet, ſe répartit d'abord une portion de la ſomme principale ou premier Brevet. La ſeconde eſt relative aux Fonds ſur leſquels ſe porte le ſurplus de la ſomme principale, dont la répartition ſe fait enſuite & en conſéquence du bénéfice ſuppoſé, entre les Exploitations Taillables. C'eſt-à-dire que dans l'Impoſition du Propriétaire, du gros & du petit Fermier, il y a entre l'une & l'autre la différence d'un quart, d'un tiers & même de moitié, en ſorte que l'Impoſition du Commerce, de l'Induſtrie, étant déterminée par des taux fixes & par conſéquent immuables, elle ne peut changer qu'en raiſon des facultés & relativement à celui qui eſt ſuppoſé faire plus ou moins de bénéfice, lequel changement n'eſt jamais que particulier à ſon objet, & à l'égard des variations de la ſomme totale & annuelle occaſionnée par plus ou moins de Commerce & d'Induſtrie, l'Impoſition de cette eſpèce des Contribuables n'en eſt nullement affectée, mais il n'en eſt pas de même de celle qui étant portée ſur les fonds, & n'ayant rien de déterminé, n'étant que le reſte d'une ſomme ſur laquelle s'opèrent toutes les Augmentations & Diminutions annuelles, ôte au contraire toute fixation ſolide aux Cultivateurs dans leur Impoſition ; ſouvent quoique leurs Poſſeſſions, les Charges de l'Etat, les Impoſitions acceſſoires, ſont les mêmes, ils éprouvent des Augmentations & des Surcharges. Cette forme trop compliquée & preſque inintelligible, eſt la ſource de mille abus qui ſont tous deſtructeurs. Dans l'état actuel des choſes, le revenu de la Terre eſt établi, toute déduction faite ; & le taux eſt ſuppoſé être de cinq ſols pour livre, c'eſt-à-dire la quatrième partie de ſon produit : Les Artiſans & les Commerçans ne ſont taxés qu'à deux ſols pour livre de leur produit, & les Maiſons qu'à un ſol ſix deniers : Toute la charge & inégalité tombe donc ſur l'Agriculture. Juſqu'à quand le premier des Arts ſera-t-il partout opprimé ? juſqu'à quand verra-t-on des Génies d'ailleurs eſtimables uſer de leur éloquence pour appauvrir cette Terre qui les nourrit ? pourquoi dire que c'eſt à la Terre à payer le plus d'Impôts, puiſque toutes les richeſſes viennent d'elle ? Quoi ! le Poſſeſſeur des Terres voit à force de travail & de peines, éclorre de cette Terre les besoins de sa subsistance & ceux de l'Etat, dont la grêle & les frimats le frustrent encore, & il n'en doit pas moins payer une quatrième partie du revenu; tandis que le Manufacturier, en satisfaisant notre luxe, gagne en moins de temps deux fois plus que l'Agriculteur, & ne paye qu'un dixième. Les Souverains ne voient-ils point qu'en faisant tomber les plus grandes charges de l'Etat sur l'Agriculture, ils arrêtent les progrès de l'Art nourricier des Hommes ? Qui voudroit défricher des champs, faire des avances en améliorations, pour être ensuite le but de toutes les Taxes & Impôts ? On raconte en France que l'an 562, *Chilperic*, Prince ou Roi de Soissons, accabla l'Agriculture de tant d'Impôts, que les Agriculteurs, Batteurs de Blé, & Meuniers s'enfuirent tous, & le laissèrent régner sans pain; ce règne étoit bien digne du sixième siècle. Mais les entraves que je viens de décrire ne sont pas les seules; il est des Charges aussi préjudiciables, qui sans avoir le titre d'Impôts, sont aussi fortes que les Impôts mêmes ; j'en citerai quelques-unes de ce nombre : 1° L'obligation de porter aux Marchés tous les Grains & toutes les Farines, avec défense absolue de les vendre ailleurs. C'est une espèce d'Impôt très-onéreux aux Peuples des Villes & des Campagnes. On a calculé que les Droits des Marchés, les Frais, & faux Frais du Vendeur & de l'Acheteur, coûtent environ vingt millions tous les ans au pauvre Peuple fur fon Pain. N'eft-il pas étrange d'exiger qu'un Laboureur éloigné de trois ou quatre lieues du Marché le plus prochain, foit contraint d'y voiturer tout fon grain par des chemins fouvent affreux; afin qu'un Artifan, un Bourgeois, qui demeure dans la même Paroiffe, porte à porte de ce Laboureur, foit obligé auffi d'aller à quatre lieues pour acheter ce même Grain, & pour le tranfporter précifément à l'endroit d'où il étoit forti, après avoir couru des rifques, perdu un temps toujours précieux, & payé le droit des Halles. Un pareil réglement exécuté à la rigueur comme on l'a fait par-tout depuis l'an 1770 (*), feroit un des plus terribles Impôts qu'on put mettre fur le Peuple de la campagne, éloigné de plufieurs lieues des Marchés, & d'autant plus terribles, qu'à l'exception des Droits des Halles qui font un très-petit objet, il n'en revient aucun profit au Tréfor Royal; car tout eft en

___

(*) Ce Réglement vient d'être levé (l'an 1775) par le nouveau Contrôleur-Général, mais les funeftes effets en fubfiftent encore.

perte de temps, & en frais, & faux frais. 2° Les Gabelles ou Taxes fur le *Sel*, dans les Provinces qui y font fujettes & ne font point *des Pays d'Etat*. Une denrée que le Royaume fournit à très-bas prix, & qui eft achetée telle par une partie des Citoyens, eft vendue très-chère aux autres; on les force d'en acheter une certaine quantité marquée, & il leur eft défendu fous peine de la ruine totale de leur famille, d'en recevoir d'autres, même en pur don : Celui qui recueille cette denrée, n'a point la permiffion de la vendre hors de certaines limites; de là les punitions contre ceux que la néceffité force à tranfgreffer cette loi; les emprifonnemens, les faifies, & la ruine totale de la culture. Des gens experts & connus viennent de prouver clairement au Miniftère, que la Ferme générale des Gabelles, qui ne rapporte que quarante millions au Tréfor Royal, en coûte cent & vingt à la France. Voici leur calcul: Le prix naturel du Sel dans l'égalifation d'un endroit à l'autre, eft d'un fol la livre; la Ferme générale le rend à douze, en comptant le peu de Provinces qui ne font point fujettes à la Gabelle & qui ont le Sel au prix naturel, & ce que vendent les Contrebandiers à plus bas prix que la Ferme; l'égalifation fera neuf fols pour la livre de Sel par-tout le Royaume;

donc la furcharge fe trouve de huit fols par livre. De vingt millions d'Habitans que contient la France, il en fera confommé quinze livres par tête; en compenfant ceux qui confomment moins par ceux qui en confomment davantage; donc la furcharge caufée par l'Impôt fur le Sel eft de dix francs par tête, ce qui fait cent vingt millions dans la fomme totale. Si le calcul étoit même réduit à un tiers, ce feroit toujours quatre-vingt millions que coûteroit à la France un impôt, qui n'en rapporte que quarante au Tréfor Royal.

Je ne parlerai point de la Ferme Générale des Aides, ou Droits fur les Boiffons; un calcul affez modéré fait monter ce droit à cent cinquante millions qu'il en coûte par an à la nation; fi ce n'étoit même que la moitié, ce feroit toujours beaucoup, pour environ trente millions qu'il en revient au Tréfor Royal. D'après cet expofé, on ne doit plus être furpris de l'efpèce de décadence où fe trouve ce beau Royaume. Je conçus même qu'il falloit des facultés auffi vaftes pour avoir pu lutter contre tant de maux durant un fi long efpace d'années. Mais préfentement l'arc eft tendu jufqu'à fon dernier dégré, & le moindre mouvement encore détruiroit toute la machine : La France efpère tout du nouveau Règne, &

des Ministres qui président au Gouvernement : Le nouveau Contrôleur-Général travaille sans relâche à diminuer les Impôts sur les Fonds ; mais il faut souvent un temps infini pour réparer des maux qu'un seul moment a pu causer. On fait monter la population de la France à vingt millions & elle pourroit en avoir encore davantage si toutes les terres étoient cultivées. Les Productions naturelles & dont elle fait le plus de Commerce, sont des Vins & des Eaux-de-vie, des Soies, des Lins, du Chanvre, des Huiles.

Je ne parle point de tous les objets de Commerce inventés par l'industrie & que le luxe & la déférence des autres Nations pour les Modes françoises ont porté au plus haut dégré, ces objets font entrer beaucoup d'argent en France ; ils seroient de beaucoup plus profitables encore, sans des Priviléges exclusifs donnés à quelques Particuliers pour la plupart des Manufactures, ce qui renchérit les Denrées dans le pays même, faute de concurrence, & par là tout le gain n'est partagé qu'entre quelques Particuliers. Le Commerce y a toutes les commodités possibles pour le transport, tant par la bonté des grands Chemins, qui sont entretenus avec tout le soin imaginable, que par les Rivières qui abondent en France,

& les Canaux que l'induſtrie y a ajoutés, ouvrages admirables tant pour l'immenſité du travail que pour le profit qui en rejaillit fur le Commerce : Tel le fameux Canal du Languedoc, où *Riquet* établit une communication commode entre Bordeaux, & Marſeille ; c'eſt-à-dire, entre l'Océan & la Méditerranée ; tels les Canaux d'Orléans & de Briare entre les pays qui traverſent la Seine & la Loire. La Marine, tombée abſolument en décadence ſous le règne précédent, a repris une nouvelle vigueur depuis que M. *de Sartines* en a eu le Département ; les Ports de Mers dégarnis pour la plupart auparavant, voient de nouveaux Vaiſſeaux dans leur ſein ; plus de 50 Vaiſſeaux de guerre, ſans compter les Frégates, ſont préſentement en état d'être mis à la voile. L'Armée Françoiſe complétée ſeroit aux environs de cent ſoixante mille hommes, mais les Régimens n'étant point complets, il s'en faut qu'elle atteigne ce nombre. Les revenus du Roi ſont aux environs de quatre cent millions par an. Les cinq groſſes Fermes ont été portées par l'Abbé Terray à cent cinquante-deux millions de profit net pour le Tréſor Royal, mais en réfléchiſſant ſur ce que la Ferme des Gabelles & des Aides coûte à la nation, & combien ces Fermes ſont ruineuses pour l'Agriculteur & même pour le Commerçant, on déplore un revenu dont le profit pour le Tréfor Royal ne peut compenser les vexations qu'il exige. Il est une Politique assez singulière adoptée en France, qui est de laisser enrichir les Traitans afin de pouvoir trouver chez eux de l'argent dans les besoins de l'Etat en temps de guerre; c'est comme si un Seigneur se laissoit piller par son Intendant, afin de pouvoir lui emprunter dans la suite. Le Gouvernement des Affaires de tout le Royaume & l'Administration générale de la Justice & des Finances, sont régis par quatre Conseils d'Etat. Le premier, qui est proprement le seul Conseil d'Etat, quoique les autres en portent aussi le nom, est celui que le Roi tient avec les Ministres. On y traite des affaires générales de l'Etat, de la Guerre, de la Paix, des Alliances avec les Etrangers, &c. Le second s'appelle le Conseil Royal des Finances; les affaires les plus importantes de la Finance y sont réglées. Le troisième, le Conseil des Dépêches, est pour les affaires, Placets, Lettres, Brevets pour les Gouvernemens des Provinces. Le quatrième, le Conseil-Privé ou des Parties: Les affaires qui y sont rapportées, sont des Cassations d'Arrêts du Parlement, ou des Evocations pour la Récusation des Juges.

C'est le seul Conseil où le Roi n'assiste pas en personne; le Chancelier y préside.

Il y a en France neuf Chambres Ecclésiastiques, où l'on juge des Impositions faites sur le Clergé; neuf Parlemens, qui sont des Cours Supérieures qui jugent en dernier ressort. Celui de Paris est le plus ancien & le plus illustre; c'est la Cour des Pairs de France; ils y ont voix & séance, & ne peuvent être jugés qu'à ce Parlement : quand il fut cassé sous Louis XV, plus de cent mille ames sortirent de Paris à la suite du Parlement; aussi regardé-je présentement comme une nécessité absolue le rétablissement qu'en fit Louis XVI; ce que je n'avois regardé que comme un acte de bienfaisance, avant que je connusse les Constitutions de l'Etat; les esprits étoient si aliénés, qu'il eut subi un bouleversement général, sans le nouveau règne & le rétablissement du Parlement ancien dans tous ses droits & prérogatives. Il y a deux Conseils Souverains qui ont le même droit que les Parlemens, & qui jugent en dernier ressort; celui de Colmar en Alsace, & celui de Perpignan en Roussillon; on peut y ajouter encore la Cour Souveraine de Nancy, & le Conseil de Corse. Il y a onze Chambres des Comptes qui sont des Cours Supérieures où l'on rend compte des Deniers

Royaux; on y enregiftre tout ce qui concerne le Domaine. Quinze Cours des Aides établies pour juger des Différens fur les Deniers Royaux. Vingt Généralités divifées en Elections, & douze fans Elections. On appelle Généralité l'étendue d'un Bureau des Tréforiers de France établie pour faciliter la Recette des Tailles & autres Deniers Royaux, & on appelle Elections les Tribunaux qui jugent principalement les Différens fur les Tailles & les Impôts en première inftance.

Ce qu'on nomme les Pays d'Etat, font des Provinces qui ont droit de former des Affemblées & d'y ordonner elles-mêmes les Contributions qu'elles doivent faire pour le foutien de l'Etat. Tels font, l'Artois, la Bourgogne, la Bretagne, le Languedoc, &c. Je finirai ce détail fur le Gouvernement par l'article de la Police de Paris & d'autres Villes de la France. Les difpofitions en font admirables; chaque Quartier a fon Commiffaire, qui vient tous les matins rendre compte au Lieutenant de Police de tout ce qui s'eft paffé la veille : Les Gens de cet Officier font dans toutes les rues, prêts d'accourir au moindre fignal; cent cinquante hommes à cheval courent toutes les rues de Paris, la nuit entière; le Lieutenant de Police eft exactement inftruit de toutes les démarches tant des grands que du commun, pour peu qu'on foit fufpect. Outre les gens qui appartiennent à fon département, & qui favent mettre en ufage toutes les rufes poffibles pour découvrir ce qu'ils recherchent, il n'y a point de Miniftre étranger qui n'ait un Domeftique gagé par la Police ; auffi les démarches les plus fecrètes de ces Maifons mêmes fe voyent fouvent découvertes fans qu'on puiffe fe douter de la poffibilité.

Il y a à Paris des Manufactures dignes de l'attention d'un Voyageur, comme les fuperbes *Tapifferies des Gobelins* & la *Savonnerie*, qui offrent des travaux de la plus grande beauté ; mais ces manufactures, qui font pour le compte du Roi, lui coûtent plus qu'elles ne rapportent. Il n'en eft pas de même de la *Manufacture des Glaces*, au Faubourg *St. Antoine* : Un grand nombre d'Ouvriers y perfectionne les Glaces qu'on y tranfporte de St. Gobin en Picardie & de Cherbourg, les feules fontes qu'il y ait en France ; les Glaces & Miroirs en font de la plus grande beauté & perfection ; il eft forti de cette Manufacture des Pièces d'une feule Glace de deux cents pouces de hauteur.

De Calais.

LETTRE VI.

IL n'y a plus qu'un Bras de Mer qui me sépare du fier & libre Breton. Je quittai Paris il y a quinze jours, mes regrets de m'éloigner de la Ville des Plaisirs, furent diminués par la certitude d'y revenir & par le désir de voir la Grande-Bretagne. Ayant adressé quelques Vers pour adieu à l'aimable Comtesse de B***, j'en reçus la réponse ci-jointe; vous y verrez une admirable esquisse de toutes les frivolités de la nation que je quitte.

RÉPONSE de madame la Comtesse de B***.

Oui, n'en déplaise à ma Patrie,
Vous avez ses aimables Goûts,
Ses Défauts, je vous en défie;
Et c'est encor tant mieux pour vous.
Sur ces défauts-là, je vous prie,
Comte, gardez-nous le secret.
Taisez-vous par Galanterie,
Si ce n'est point par Intérêt.
Ne dites rien de nos Caprices,
De nos Penseurs intéressans,
Qui, pour le progrès des talens,
Leur font de bonnes injustices,
Parlent avec un très-grand sens

De nos Plumes & de nos Vices,
De Foyers, de Gouvernemens,
De Boston, & des Vers courans,
De Blé, de Finance & d'Actrices.
Vous avez vu par-ci, par-là,
Oubliant jusqu'à leur Coiffure,
Nos Raisonneurs en falbala
Jaser sur la Littérature.
Que dites-vous de leur Caquet?
O le plaisant Aréopage!
Ici nous n'avons point de Sage
Qui n'ait stylé son Perroquet;
Les Jugemens sont un ramage,
Qu'on répète d'un air distrait;
Et, sur cet article, je gage
Que vous serez encor discret.
Sage & prudent, comme vous l'êtes,
Vous vous tairez sur nos Amans,
Fiers de leur esprit à bluettes.
Silence encor sur nos Coquettes,
Hasardant leurs beaux sentimens
Et les graves raisonnemens
Qu'on va leur faire à leurs toilettes.
Motus encor sur nos plaisans,
Nos historiques Ariettes,
Et nos Drames attendrissans,
Entrecoupés de Chansonnettes,
Autant en emporte le vent.
Chut encor!.. mais, Dieu, j'en ai honte:
Si vous étiez obéissant,
Il me semble, mon pauvre Comte,
Que vous vous tairiez trop souvent.
Tenez, je lève vos scrupules;
Dites tout ce qu'il vous viendra

Trouva-

Trouva-t-elle des gens crédules,
Votre critique nous plaira,
Même en frondant nos ridicules.

Ne trouvez-vous pas ces Vers charmans; n'est-ce pas le pinceau des Grâces que guide la main de cette Belle? Mais quittons Paris & les Muses, & que je vous dise un mot de *Chantilly*, Château appartenant au Prince de *Condé*, endroit divin, que je ne troquerois pas contre Versailles; le bon goût & la magnificence l'embellissent tour à tour. On y voit un Théâtre charmant, des Jardins superbes, & tout près de là une Forêt des mieux percées, où la nature a déployé autant de beauté que l'imagination & l'art en ont donné au Château & aux Jardins. Les Palais des *Houyhnhnms*, dans les Voyages de *Gulliver*, ne pouvoient être plus beaux que ne l'est le Palais des Chevaux du Prince de *Condé*; car enfin l'Écurie de Chantilly peut être nommée *Palais*; l'extérieur en est immense, & les fenêtres y sont taillées comme dans un salon. Au milieu de cette Écurie est un vaste dôme où le Prince mange quelquefois en été, entouré de deux côtés de plusieurs centaines de chevaux. La route est fort agréable depuis Chantilly jusqu'à Calais, en général il fait bon voyager en France, on ne paye point de Barrières & les Chaussées sont superbes; ce fut

E

sous Louis XIV qu'on y commença la structure des grands Chemins, ils sont bordés d'Arbres & leur largeur est de 60 pieds; cela offre un coup d'œil admirable, mais cette extrême & inutile largeur est très-préjudiciable à l'Agriculture, surtout dans un pays qui contient tant de grandes routes & où la récolte n'est pas superflue. Les Auberges sont assez propres en France, mais dans plusieurs on plume bien les Passans, surtout les Anglois; on me fit l'honneur de me prendre pour un jeune Lord, & un Aubergiste eut l'impudence de me demander trois louis pour un gigot de mouton & une bouteille de vin, & m'assura, en voyant ma surprise, qu'un Lord Parlementaire lui en avoit payé quatre la veille pour le même souper : Je lui assurai de mon côté que n'étant pas Mylord & n'ayant point de voix au Parlement, je ne pouvois payer les moutons aussi chers, & qu'il falloit se contenter de prendre un louis d'un Allemand.

J'arrivai enfin à Calais, Ville plus recommandable par le courage héroïque de ses Bourgeois, que M. du *Belloi* a illustré dans sa Tragédie, que par la beauté de ses Rues & Maisons. L'Auberge de M. *Dessein*, où je loge, est superbe & peut disputer le rang de la plus belle en Europe, avec celle de Francfort nommée la Maison-Rouge : Il y a un joli Théâtre dans l'enceinte de cette Auberge, où une très-médiocre Troupe Françoise joue la Comédie journellement. Pensez que je suis depuis douze jours à Calais, au lieu de quelques heures que je comptois m'y arrêter; vous me direz que j'aurois mieux fait de vendanger gaiement ce mois-ci en France, que de m'exposer à attendre sur les côtes la venue d'un vent favorable, & la cessation de ses ouragans que les mois de Septembre & d'Octobre semblent amener à leur suite. Le vent contraire & la tempête n'ont pas discontinué depuis mon arrivée à Calais. Est-ce quelque enchanteresse Divinité Françoise qui arme les flots pour arrêter tous les fugitifs qui ont quitté Paris, dont le nombre ici est de plus de cinquante, composé en grande partie de Parlementaires Anglois. Quant à moi, je n'ai point, sur ma conscience, une *Didon* abandonnée qui en mourant veuille invoquer les flots contre l'ingrat *Enée*, & je juge mes Compagnons aussi innocens que moi; d'ailleurs les Françoises n'ont pas encore adopté l'usage de se brûler pour le départ d'un Amant; encore moins après la mort d'un Mari; ainsi ce n'est pas l'Amour désespéré qui excite la fureur des flots. Je ne vous ferai point la description d'une tempête, lisez-la dans l'opéra du

Sorcier, dans celui du *Tableau parlant*, & finiſſez gaiement par la chanſon,

> Mais enfin, après l'orage,
> On voit venir le beau temps.

Je vous dirai ſeulement que je me promène tous les matins ſur le Port, pour accoutumer ma vue à un ſpectacle qui m'eſt auſſi effrayant que nouveau & que le vent y ſouffle ſi fort que ſouvent je dois me tenir à mon gros ami G***, comme à un mât de vaiſſeau, pour ne point en être renverſé, car vous ſavez que je ſuis aſſez léger, & qu'heureuſement mon ami ne l'eſt point. On dit que c'eſt un plaiſir de contempler l'orage alors qu'on eſt au port. *Suave Mari magno turbantibus equora ventis.*

Lucrece.

> On voit avec plaiſir dans le ſein du repos,
> Des Mortels malheureux lutter contre les flots.

Cette élégante maxime que l'égoïſme peut ſeul vérifier, doit être rayée du Dictionnaire de tout Homme ſenſible. Ce ne peut être un plaiſir de voir le ſpectacle de la miſère humaine; ici des débris d'un Vaiſſeau; là des Corps morts que les flots rejettent à terre; là, dans le lointain, la vue de quelques Navires qui luttent encore contre les vagues, où les malheureux implorent à grands cris des secours vers ce Port où ils ne peuvent atteindre.

Les Vaisseaux sur lesquels étoient embarquées les Troupes Allemandes qui doivent servir en Amérique, ont éprouvé la fureur des tempêtes ; plusieurs de ces Vaisseaux ont échoué à Dunkerque & ont reçu des François toute l'assistance dont l'humanité doit user envers les malheureux, même entre les Nations qui ne s'aiment guère.

La tempête jeta au Port de Calais un Canot, sur lequel sept Personnes s'étoient réfugiées, & se voyoient depuis cinq jours le jouet des flots ; ils n'avoient pris aucune nourriture & ressembloient plutôt à des spectres qu'à des figures humaines : Un Nègre étoit de ce nombre ; il s'étoit mangé tout le bras pour assouvir l'excès de sa faim ; cinq de ces malheureux échappèrent cependant à la mort.

La vue de tant de calamités n'est point encourageante pour quelqu'un qui va faire son premier essai sur mer : il est vrai qu'il y a peu d'exemples que des Paquebots ayent fait naufrage dans le court trajet de Calais à Douvres, mais nonobstant cette assurance, aucun Paquebot n'a voulu risquer de se mettre en mer depuis douze jours, sans doute que la vue de tant de débris de Vaisseaux effraye les plus

E iij

hardis : Au reste, la société est charmante à Calais par la quantité d'Anglois qui s'y trouvent rassemblés; la plupart viennent d'Italie & de France & attendent avec impatience la fin de la tempête pour pouvoir prendre place au Parlement, qui déjà devroit être commencé, & dont la tenue sera très-intéressante par la décision de la paix ou de la guerre avec les Américains. Lord & Lady Spencer se trouvent ici; le nom de cette Dame est inscrit dans les annales de la bienfaisance, & ses vertus égalent la bonté de son cœur. L'Amiral H*** est pareillement à Calais avec sa famille; sa fille, Miss Marianne, est une créature divine ; esprit, beauté, charmes, talens, tout est réuni dans sa personne; si on trouve à Londres quelques-unes qui l'égalent, l'Angleterre est vraiment le Pays des Anges; ainsi que nous le nommons en langue Allemande. Je dîne journellement avec l'Amiral & ai pris la même loge aux Spectacles. J'ai aussi obtenu la permission de fréquenter sa Maison à Londres: permission dont j'abuserai peut-être, au moins pourriez-vous le croire au ton de l'enthousiasme dont je vous parle de son aimable fille. L'Amiral n'entend que l'anglois & me sait gré de pouvoir m'exprimer dans sa langue, mais Miss Marianne parle le françois & l'italien à merveille & la lecture de nombre de bons ouvrages ajoute encore à la justesse de son esprit. O! pour le coup, vous êtes certain que votre ami va réellement perdre sa liberté chez un peuple libre & que, malgré les orages, les momens s'écoulent bien vîte pour lui.

In me tota ruens Venus Ciprum deseruit.
Ce n'est plus une ardeur en mes veines cachée;
C'est Vénus toute entière à sa proie attachée.
Racine.

J'envie à Racine cette vive expression de l'ame. Adieu.

De Londres.
LETTRE VII.

LE quinzième jour après mon arrivée à Calais, le temps devint un peu plus calme, & tous les Paquebots se mirent en mer; on eut dit une petite flotte par leur nombre. Je ne payai point le tribut usité par ceux qui se trouvent la première fois sur mer, & ne fus nullement incommodé durant tout le trajet; ce qui excita l'étonnement & même l'envie de mes Compagnons, qui étoient la plupart malades. Le Patron du Paquebot refusa d'entrer jusqu'au Port de Douvres, sous prétexte de la marée, & fit chercher quelques Chaloupes pour nous mettre à bord; ce sont ordinairement des ruses concertées pour faire gagner les Bateliers aux dépens du Voyageur: L'entrée dans ces Chaloupes est fort désagréable, devant y sauter d'assez haut. Un des bateliers laissa tomber dans la mer un paquet avec tous vos écrits, ainsi vos charmantes Lettres serviront de pâture à quelques Poissons moins honnêtes sans doute que la Baleine de *Jonas*, qui au moins le renvoya prophétiser au bout de trois jours; au lieu que vos Lettres ne me seront plus rendues. J'aurois voulu de bon cœur assommer ce coquin dont la mal-adresse m'occasionnoit cette perte; mais quelques *god dam* prononcés entre ses dents en m'entendant gronder, me firent juger que je n'aurois pas beau jeu, & mon poing n'étant pas de la force de celui de *Mylord Rochester*, qui pouvoit lutter avec des porte-faix, je dévorai ma perte en silence. L'Auberge est fort bonne à Douvres, & les Douaniers y sont assez honnêtes; au moins le furent-ils à mon égard. Quel plaisir de voyager en Angleterre! belles Routes; excellens Chevaux; Postillons qui mènent à merveille, & qui ne sont point aussi impertinens que bien des Postillons François; beaucoup d'hospitalité dans les Auberges, quand même on ne s'y arrête que pour reposer; enfin il n'y a que la rencontre des *Hay way man*, ou Voleurs de grand chemin, qui pourroient troubler le plaisir d'un Voyageur; car la cherté de la paye pour les chevaux est bien compensée par la vîtesse avec laquelle on fait la route. Je m'arrêtai à Rochester pour voir le Vaisseau de guerre nommé *la Victoire*, un des plus grands de l'Angleterre, étant monté de 120 canons; mais malgré que j'eus un billet de l'Amiral H** pour monter sur le Vaisseau, le Capitaine ne voulut point me le permettre sans un ordre exprès des

Chefs de l'Amirauté, & m'alléguant que des curieux ayant mis le feu quinze jours auparavant à un Vaisseau du premier rang, l'Amirauté avoit fait la défense de ne laisser monter sur le Vaisseau qui que ce fut, aussi long-temps que la désunion en Amérique ne seroit point terminée. Il accompagna son refus de tant d'honnêteté, en m'expliquant à la portée de mon Canot toute la structure du Vaisseau, que je ne pus lui savoir mauvais gré de m'en interdire l'entrée.

Je passai la nuit à Cantorbery, premier Archevêché de l'Angleterre, & qui rapporte de gros revenus à son Possesseur.

J'arrivai avant-hier à Londres où j'ai loué une Maison par mois, attenante à la place nommée *Soho Square*; vous devinerez que je n'avois rien de plus pressé que d'aller revoir mes connoissances de Calais, mais je ne vous en parlerai plus, il ne faut point tourmenter nos amis avec nos foiblesses; trop heureux celui qui en a le moins ou qui en revient le plus vîte.

Adieu.

De Londres.

LETTRE VIII.

ON dit communément que les François sont si prodigues de leur amitié, qu'ils vous en honorent à la première connoissance; & qu'en revanche les Anglois en sont si avares, & mettent à ce lien de l'ame un si grand prix, que la plupart meurent sans en avoir joui, de crainte de l'accorder à des objets qui n'en fussent pas dignes : Je crois que cette opinion doit être placée parmi les lieux communs, & que ces deux nations rivales savent également apprécier & jouir du plus doux des sentimens; il est certain que le François vous accueille avec des propos plus courtois, plus flatteurs que l'Anglois; qu'il vous fait plus de protestations d'amitié & d'offres de service dans un jour que le fier Breton ne vous en fera toute sa vie; mais l'Anglois vous oblige sans vous le promettre, & vous rend des services sans se dire trop souvent *votre serviteur*. Notre Envoyé, le Comte de *Belgiojoso*, m'a déjà procuré beaucoup de connoissances à Londres : Ce Ministre y jouit de cette considération qu'on accorde toujours au mérite, surtout chez une nation qui, toute fière qu'elle paroisse envers l'étranger, se fait gloire d'estimer l'homme qui pense; & le Comte *Belgiojoso* vérifie la maxime que tout homme de mérite & de talens est citoyen de l'univers; il est regardé pour tel à Londres; aussi point de Ministre étranger qui y soit aussi naturalisé que lui, & qui y jouisse d'une estime aussi générale. L'Ambassadeur de France, le Comte de *Guines*, y tient une Maison superbe; il semble établir à Londres la mode des Soupés; il en donne fréquemment de très-agréables par le choix d'une société brillante; beaucoup de Dames Angloises s'y trouvent, quoique d'ailleurs les grands Soupés soient assez rares ici, vu que le dîner se fait fort tard. Les Angloises ne sont plus aussi renfermées dans l'intérieur de leurs maisons qu'elles l'étoient jadis; le ton de la galanterie s'est communiqué de Paris à Londres. La vie domestique a fait place à une vie plus bruyante & variée; & le nom d'Amant n'effarouche plus tant l'oreille de la Femme & du Mari qu'il auroit fait il y a cinquante ans: Cependant on trouve beaucoup de concorde & de vertus dans les ménages anglois, & la stricte décence est observée dans toutes les bonnes sociétés; les Femmes y sont plus réservées que les Filles, car celles-ci jouissent d'une grande liberté; elles peuvent recevoir des visites d'hommes dans leurs chambres & même sortir de la maison sans être accompagnées de leurs Parens. Je veux croire que cette liberté sert à les rendre meilleures femmes, en ne les forçant pas comme filles à une dissimulation qui nous en impose; au moins peut-on connoître l'épouse que l'on choisit à Londres, tandis qu'à Paris on ne connoît que ses Parens, sa fortune, son maintien, & ses révérences : Mais aussi m'assure-t-on que la liste des Filles séduites surpasse en Angleterre celle des Femmes de ce nombre : l'infidélité y est fort maltraitée ; une femme qui en est convaincue est séparée de son mari & n'ose plus se remarier; elle perd l'entrée à la Cour, & la plupart des honnêtes femmes rompent tout commerce avec elle; au point même que si elle se trouve chez ses parens, elle doit quitter la chambre, quand d'autres Dames leur font visite ; pour le Galant, il doit payer dix mille livres sterlings *pour le dommage fait au Mari*, ce sont là les propres mots de la Loi, si même il protestoit ne lui en avoir fait aucun ; un des grands Seigneurs d'Angleterre a été condamné, il n'y a pas long-temps, à payer ce dédommagement : ce n'est donc pas le métier d'un Cadet de famille de courtiser une femme à Londres, & je tremblerois de peur qu'il ne prit envie à un Mari de mauvaife humeur de me taxer pour cette fomme. Le Sexe eft d'une grande beauté en Angleterre, fans emprunter le fecours de l'art. Déjà, en arrivant à Douvres, on voit une différence remarquable entre les Angloifes & les Françoifes parmi le bas Peuple; les Françoifes qui doivent travailler aux champs & qui font fans ceffe expofées aux ardeurs du foleil, font laides & mal vêtues, tandis que les Angloifes qui n'ont que les foins du ménage, ont une très-belle peau, & font d'une propreté extrême; fi les Françoifes paroiffent plus vives, plus fpirituelles, plus enjouées, on voit dans la phyfionomie des Angloifes un air de décence & d'élévation d'ame qu'on trouve même parmi la claffe commune; je dirai de plus, que cet extérieur de décence s'étend jufqu'aux Filles de joie qui vous accoftent fur la rue au fortir du Spectacle, en vous demandant avec modeftie fi *vous voulez boire un verre de vin avec elles dans une Taverne,* & fe retirent en vous faifant une révérence quand vous refufez leurs offres; tandis que ces Filles en France vous font pour ainfi dire violence en pleine rue dès que vous allez à pied le foir. Le fard & le rouge ne font point généralement en vogue en Angleterre; quelques Dames emploient du rouge avec tant d'art qu'il n'y paroît pas, & beaucoup auroient honte de paroître en faire usage ; je crois cependant que cette mode ne tardera pas à s'établir à Londres, comme généralement la plupart des modes françoises y sont déjà adoptées du beau sexe : alors les Angloises perdront sans doute un des plus grands avantages de leurs charmes, cet air de modestie & de douceur que le coloris naturel peut seul représenter, & qui doit disparoître dès qu'un masque de carmin d'une rougeur toujours égale obscurcit dans la physionomie tous les sentimens expressifs de l'ame, ces teintes de pudeur, de désir, de dépit, de bonté, & de tendresse dont les nuances variées embellissent encore chaque belle : Il est vrai qu'à la pâle lueur des flambeaux ou dans le lointain d'un théâtre & des loges, les françoises brilleront davantage sous la poudre corrosive qui les masque ; mais est-ce dans le lointain que la beauté doit plaire ? Et malheur à celles dont les appas se flétrissent dès qu'on les analyse de près. Laissons là cette digression, & que je vous dise un mot du Peuple Anglois : Le Peuple est Peuple par-tout, si l'on entend par ce mot cette multitude d'êtres qui jugent sans connoître, haïssent ou aiment sans raison, se livrent toujours aux impressions du moment, & font souvent les machines dont se servent quelques artificieux pour parvenir à leur but. Le Peuple Anglois n'est pas plus méchant que tout autre quoiqu'ordinairement on le dépeigne comme très-brutal envers l'Etranger; je le trouve fort honnête quoiqu'un peu grossier, & je préfère de lui céder le haut du pavé, de crainte d'en être coudoyé, que s'il me faisoit cent révérences pour me tromper & me piller poliment. Ce Peuple jouit d'une grande liberté & de beaucoup de prérogatives: M. de Voltaire dit, *qu'il y a moins loin d'un Homme à un Homme à Londres qu'à Vienne*; M. de Voltaire ne connoissoit point sans doute le Peuple Viennois, lequel se croit Homme par excellence, & Homme supérieur aux autres, qui raisonne politique & murmure autant & plus que le Peuple Anglois; mais s'il a voulu dire par cette expression que les Magistrats de Vienne ne font pas des *Aldermans*, & que le Bourgmestre n'est point un *Lord Maire*, sans doute qu'il a dit très-juste; au reste *Liberty & Property* sont des mots que l'Anglois prononce plus souvent que tout autre Peuple & qu'il a le plus de droit de prononcer. Après vous avoir fait mention de ce qui compose la dernière classe du royaume, je veux vous parler de ce qu'il y a de plus élevé, c'est-à-dire des Personnes Royales.

Royales. J'eus l'honneur d'être préfenté hier à St. James à Leurs Majeftés : il y a, deux fois par femaine, le matin, Cercle à la Cour; ce Cercle dure ordinairement trois heures, tout le monde s'y tient debout & le Roi & la Reine parlent à un chacun qui s'y trouve ; c'eft une étiquette qu'ils doivent parler à tout ce monde qui les entoure, de forte que s'il y a peu de Perfonnes à la Cour, la converfation dure plus long-temps avec chacun, & le contraire arrive fi la foule eft grande. Le Roi fait le tour de la Chambre d'un côté & la Reine de l'autre; tous deux me parlèrent long-temps en allemand, & la Reine furtout a grand plaifir à s'exprimer dans cette langue. Le Roi a la phyfionomie noble & diftinguée, on lit dans celle de la Reine cette douceur qui la caractérife & qui la rend fi chère au Peuple Anglois. Ces deux illuftres Perfonnages offrent un tableau touchant de l'union conjugale & de la fimplicité d'une vie domeftique ; le Roi vient fe délaffer des foins de la royauté dans les bras de fon illuftre Epoufe & de fes Enfans ; ces Princes font beaux à ravir. Le Général *Gage* nouvellement arrivé d'Amérique, où il commandoit en chef, eut le même jour fa première audience à la Cour ; chacun étoit curieux de voir la réception que lui feroit le Roi; car plufieurs prétendent que c'eft à la

F

lenteur des démarches de ce Général & au peu de cas qu'il faifoit des troubles naiffans, que les Provinces-Unies doivent l'avantage d'une folide confédération ; l'accueil que lui fit le Roi fut court & affez froid, & l'on m'affure que Lord North ne le reçut guère mieux. J'eus auffi l'avantage d'être préfenté à ce Miniftre, & de dîner plufieurs fois chez lui ; fes vaftes connoiffances, fa fine politique, lui ont acquis dans toute l'Europe une jufte célébrité, & on pourroit peut-être le nommer un des plus grands génies de fon fiècle, fi la monarchie d'Autriche ne fe glorifioit d'un Prince *de Kaunitz*, ami des hommes, protecteur des arts, dont l'ame fublime embraffe & réunit tous les objets à la fois, & dont la jufte renommée fe perpétuera d'âge en âge ; d'ailleurs les ennemis de Lord *North* l'accufent d'une ambition fans bornes, foutenue par les démarches les plus hafardées & les menées les plus illégitimes, & jamais l'envie n'a pu attaquer le Miniftre de la Monarchie Autrichienne, dont la vertu s'eft toujours élevée au deffus de tous les traits de la calomnie. Le pofte de premier Miniftre eft très-épineux en Angleterre, il faut des talens infinis pour pouvoir concilier avec fuccès les intérêts fouvent différens du Peuple & du Monarque. Lord *North* a réuffi jufqu'ici à rendre le pouvoir souverain aussi étendu que possible & à écarter toutes les entraves qu'un Peuple jaloux de sa liberté ne cesse d'opposer contre l'augmentation de l'autorité Royale. Le succès de la guerre avec les Américains qui vient d'être résolue, décidera sans doute du bonheur de ce Ministre, mais même un malheureux succès ne pourra jamais lui faire perdre le nom d'homme à grands talens qu'il s'est acquis depuis long-temps avec tant de droit. Les frères *Howe* ont été déclarés Généraux Commandans de la Flotte & de l'Armée, & l'on espère beaucoup de la réunion de leurs soins : mais qu'il est triste de devoir employer des soins à combattre ses frères ! n'est-ce pas sévir contre son propre sang ? D'ailleurs le sort des Américains réputés comme rebelles à *St. James*, intéresse encore beaucoup de vrais Patriotes, qui regardent cette guerre de l'Amérique comme le tombeau de leur liberté, ou de la grandeur de l'Angleterre, & qui affirment hautement, que jamais l'Amérique n'eut pris les armes contre sa mère Patrie, si l'on n'eut point enfreint envers elle les lois de la Constitution britannique; étoit-il nécessaire d'enfreindre ces lois ? Voilà une question que tout homme qui pense est par-tout en droit de se proposer dès qu'une volonté arbitraire renverſe ou change les lois de l'Etat. Le fameux Chancelier *Bacon* dit : *Ainſi que Dieu régit le monde par les lois de la Nature qu'il a faites, & qu'il ne tranſgreſſe jamais ces lois que dans les cas les plus urgens ; ainſi parmi les Souverains de la terre, ceux-là ſont les plus ſages & les meilleurs, qui gouvernent leurs Etats ſelon les Lois & Coutumes qui y ſont introduites.*

C'eſt en ſuivant cette maxime qu'un Monarque devient un Dieu dans le cœur de ſes ſujets, & qu'il eſt ſûr de s'acquérir les juſtes hommages de la poſtérité : C'eſt pour s'en être trop écartées que des Monarchies ſe ſont vues en proie aux guerres inteſtines & aux malheurs qui les ſuivent. Vous me direz que le proverbe anglois aſſure *the King kann not do wrong*; oui, ſi la pluralité des voix des Parlemens ſe décide en faveur de la Conſtitution, mais non pas ſi, par des brigues & des menées ſecrètes, la vanité ou l'intérêt décident la pluralité des Membres en faveur de la volonté arbitraire d'un Miniſtre ambitieux; volonté que ſouvent un faux raiſonnement, un inſtant d'humeur ou de mauvaiſe digeſtion, peut faire tourner au malheur public. Je vous dirai, dans mes Lettres ſuivantes, quelques mots de la Conſtitution Britannique, ſujet que tant d'Auteurs ont épuiſé en pluſieurs volumes. *Jean-Jacques* dit *que la Femme la plus vertueuse est celle dont on parle le moins;* on pourroit dire de même que la meilleure Constitution & les meilleures Lois d'un Etat sont celles que l'on commente le moins; & l'Angleterre me paroît avoir une Constitution si claire, & des Lois si simples, que cela prouve en faveur de leur bonté. Au reste, tant que les hommes resteront hommes, la somme du mal égalera toujours, en dépit des meilleures Lois, la somme du bien sur la terre. Adieu.

De Londres.

LETTRE IX.

J'ai été plusieurs fois à *Greenwich*, Hôpital magnifique pour les Matelots, fondé par *Guillaume III*. Les Matelots invalides, leurs Veuves & Orphelins, y sont reçus. Ce Bâtiment offre un aspect superbe, du côté de la Tamise. La vue de cette rivière est présentement très-curieuse par la quantité de Vaisseaux qui y sont arrêtés, & que les troubles de la guerre empêchent de se rendre à leur destination. On passe, dans le trajet d'une lieue, entre plusieurs milliers de Vaisseaux de toutes les nations. Le Peuple Anglois est commerçant & conquérant, sa Marine est la plus redoutable, & ses Matelots, & les Officiers de la Marine passent pour les meilleurs de l'Europe : Un Ministre d'Angleterre, se voyant refusé dans sa demande par le Secrétaire d'Etat à Naples, s'approcha d'une Carte de ce Royaume, suspendue dans la chambre, & dit au Secrétaire d'Etat : *Voyez, vous êtes tout Côtes & nous tout Vaisseaux, jugez si votre Roi doit refuser notre demande*. Le transport des Charbons de terre dans toute l'Angleterre nourrit feul plus de cinquante mille Matelots qui font réputés grands Marins, & feroient de la plus grande utilité en cas de befoin. Comme le feu de charbon de terre eft le feul en ufage en Angleterre, la confommation en eft immenfe, & le Gouvernement a grand foin de ne pas laiffer fouiller dans le voifinage de Londres, pour ne pas empêcher les profits d'un tranfport qui nourrit tant de bons Matelots fans qu'ils foient à charge à l'Etat.

Le nom de Commerçant ne dégrade point la Nobleffe en Angleterre; ces Infulaires philofophes favent trop bien diftinguer la voix de la raifon d'avec celle des préjugés, pour regarder le maniement des affaires de négoce comme incompatible avec une naiffance illuftre; cette raifon leur a appris qu'il eft plus fage d'augmenter fes biens & ceux de l'Etat en efcomptant une Lettre de change dans une Banque, ou en négociant en gros comme Affocié de quelque Compagnie marchande, que de s'enfermer dans un Château de *Tunderthentronc*, & de s'enorgueillir à la vue des Armoiries & des Portraits de tous les Barons & Comtes fes ancêtres, dont à la vérité aucun n'adopta le goût d'un efprit de négoce, mais qui ont glorieufement préféré de laiffer à leurs descendans une orgueilleuse pauvreté qu'une honnête opulence marchande. A parler juste, chaque Possesseur de Terre n'est-il pas Marchand ? & est-il plus honteux de négocier avec des Soies & des Etoffes qu'avec du Beurre & de la Laine ? Est-il plus honteux d'assigner dans une Banque des Lettres de change & d'y faire rouler son argent, que de le prêter à 4 pour cent par année ? Les hommes feront-ils toujours dupes & esclaves d'un mot ou d'un antique usage ? Ici le Commerce est suivi par la Noblesse, excepté par les Ducs & Pairs du Royaume; mais leurs Cadets font le commerce. Tandis que Lord *Townshend* étoit Vice-Roi d'Irlande, son Frère cadet étoit Facteur à Alep.

Si la Statue de *Marlborough* est un monument digne des exploits de ce grand homme, celle de *Gresham*, qui bâtit la Bourse, ne figure pas avec moins d'éclat à Londres. Le nombre des Compagnies marchandes favorise le Commerce Anglois; quoique les Denrées en souffrent plus de renchérissement dans le pays même, vu qu'il dépend souvent de ces Compagnies de trop hausser les prix des Marchandises & d'attirer tout le gain de la Nation pour elles seules. La Main-d'Œuvre est très-chère en Angleterre & par conséquent les Marchandises le sont aussi; point d'Artisan qui n'ait ses deux fchellings par jour. Cela donneroit une concurrence plus favorable aux autres nations, si la bonté des Manufactures angloises n'en compensoit la cherté. On m'assure que l'exportation des Draps est de plus de 1500000 livres sterlings par année, nonobstant que les Draps Anglois sont beaucoup plus chers que les Draps fabriqués en France.

Alfred le Grand, Roi d'Angleterre, fut le premier qui jeta la semence du Commerce parmi ses Peuples : *Althestan* gratifia de Lettres de Noblesse ceux de ses sujets qui faisoient à leurs propres frais des Voyages de long cours, & rapportoient dans leur Patrie des connoissances étrangères. *Edouard III*, après avoir attiré nombre de bons Ouvriers étrangers dans son Royaume, défendit le port des étoffes étrangères, & mit un impôt sur l'exportation de la Laine non manufacturée; il assigna aussi des Fonds pour entretenir tous les Ouvriers qui commençoient de nouvelles Manufactures. Sous le règne d'*Elisabeth*, & surtout sous le protectorat de *Cromwell*, qui établit le fameux Acte de Navigation, le Peuple Anglois acquit un grand dégré de supériorité sur toutes les autres Nations; enfin la perfection de ses Manufactures internes encore augmentée par le nombre des François que la persécution fit réfugier en Angleterre, & l'Etabliſſement de quelques Colonies très-favorables pour le Commerce étranger & national, aſſurent le gain du plus vaſte Commerce à la Nation Angloiſe. Le patriotiſme anglois a engagé pluſieurs Sociétés à aſſigner des fonds pour récompenſer les talens; telle la Société de Dublin, qui avoit d'abord pour premier point de vue la perfection des Toiles, & aſſignoit des gratifications aux Ouvriers, qui réuſſiſſoient le mieux en ce genre, ou à ceux qui y faiſoient quelque Découverte nouvelle; cette Société embraſſa enſuite tous les objets relatifs aux Arts, Métiers, Commerce & Agriculture : Elle diſtribue annuellement cent Prix ſur pluſieurs Queſtions qu'elle propoſe.

L'Ecoſſe & l'Angleterre ont de même pluſieurs de ces Sociétés encourageantes pour les Arts, l'Agriculture & l'Induſtrie. Vous ſavez que Lady *Salton* s'appliqua, dans un voyage d'Hollande, à s'inſtruire des plus petits détails de la Fabrication & Blanchîment des Toiles; & qu'elle rapporta de ces contrées divers ſecrets en Ecoſſe, où juſqu'alors la Manufacture des Toiles & leur Blanchîment étoient très-peu connus : Elle perſuada auſſi aux Dames Ecoſſoiſes l'uſage du produit de ces nouvelles fabriques. On fait de la très-bonne &

belle Toile dans ma Patrie; mais on y ignore encore l'art de la bien blanchir; & c'eſt chez nos voiſins les Saxons que nos belles Toiles doivent être blanchies : Sans doute que ma Patrie feroit très-reconnoiſſante à quelque belle Dame compatriote ſi, par des ſoins pareils à ceux de Lady *Salton*, elle nous communiquoit les ſecrets de nos voiſins pour la perfection du Blanchîment de nos Toiles. Lord *Buckingham* fit un voyage à Veniſe pour y apprendre le ſecret de la fabrique des Glaces, & c'eſt à ce Seigneur que l'Angleterre doit cette Manufacture. Il y a une ſuperbe Manufacture de Glaces dans ma Patrie, dont le débit ſe répand dans toute l'Europe, c'eſt auſſi à un Seigneur compatriote que mon Pays doit cet avantage; c'eſt un Comte *Kinsky* qui l'a établie, & qui a aſſuré par cet Etabliſſement une nourriture certaine à nombre d'Ouvriers, & les avantages d'un riche Commerce à beaucoup de négocians. C'eſt aux riches Seigneurs à donner des gratifications pour l'encouragement des Arts, & à former des Sociétés qui ayent pour but l'utilité commune; ce ſont eux qui peuvent faire des avances & des améliorations, dont le profit eſt toujours un avantage réel pour eux & leur pays; heureuſement qu'il exiſte en Angleterre nombre de riches Seigneurs qui ont autant à cœur la gloire & l'intérêt de leur Patrie que la leur propre, & qui se font un devoir de récompenser d'une partie de leur superflu, les talens utiles & agréables. On ne voit nulle part des Seigneurs & des Propriétaires de Terres aussi riches qu'en **Angleterre**; 4 ou 5 mille livres sterlings de rentes passent à peine pour une honnête aisance à Londres. 10, 12 mille livres sterlings y sont des revenus assez communs. Je vois ici un petit Duc de Bedfort, âgé d'onze à douze ans, qui jouit de 50 mille livres sterlings de rentes, qui doivent s'augmenter d'un tiers durant sa minorité. La plupart des Seigneurs déposent tout leur argent chez des Banquiers, sur lesquels ils assignent leurs payemens, de sorte qu'ils sont comme leurs caissiers. Cette coutume est très-favorable au Commerce, car tel Banquier ou Commerçant qui a souvent dans sa caisse jusqu'à cent mille livres sterlings appartenans à des Seigneurs, use de cet argent pour son Commerce, ou pour soutenir la Banque de l'Etat en cas de quelque grand payement, & peut s'en servir de même dans ses propres besoins. Il est connu que la Banque Angloise jouit, à l'égal des autres Banques de l'Europe, tantôt d'une grande, tantôt d'une très-petite réputation; les Billets de Banque sont très-considérés; ils peuvent être déchirés & rapetaffés; on en reçoit toujours la valeur inceffamment, & tout porteur d'un tel Billet eft payé, fi même il étoit fufpect. Les Cultivateurs & Fermiers font pareillement fort à leur aife; c'eft à l'Agriculture réunie au Commerce & à la fageffe des Lois, que l'Angleterre doit fes richeffes & fon bonheur. L'Agriculture eft regardée en Angleterre comme la vraie fource du bien-être du pays; aufli la taxation des plus forts Impôts, que fouvent la néceflité de l'Etat exige, ne tombe que très-foiblement fur l'Agriculture; ces Impôts rejailliffent fur les principaux Poffeffeurs des Terres qui fixent leur valeur & déterminent ce qu'elles doivent porter de la contribution générale; on impofe auffi fur des objets de Luxe, fur des Maifons, fur quelques Productions de la Terre déjà converties en une autre forme, comme fur le Cidre, la Bière, &c.; mais les produits des Champs & des Beftiaux ne font point taxés, & les Fonds des Terres ne payent que très-modiquement & la perception en eft très-facile. Syftême très-différent de celui qu'on obferve en France, où l'Agriculture fupporte prefque feule les plus grandes charges de l'Etat. Mais auffi les Poffeffeurs des Terres & les Fermiers font riches en Angleterre, & la plupart font pauvres en France; les Impôts fur le Cidre & la Bière ont souvent causé de vifs murmures parmi le Peuple, & le gouvernement s'est vu plusieurs fois contraint de supprimer ces Taxes. Si les Anglois imitent les Chinois dans la Culture & l'arrangement de leurs Jardins, ils les imitent également dans leurs soins pour l'Agriculture en honorant & appréciant ce premier des arts. Les Anglois ont trouvé leurs richesses sous le soc de *Triptolême*; c'est la multiplication des produits de la terre qui assure cette fortune que le Commerce augmente encore. Ils y ont aussi trouvé leur gloire; & l'Europe entière, qui s'enrichit de leurs lumières en tout genre, cherche encore à les imiter en étudiant les excellens préceptes que plusieurs Auteurs Anglois nous ont donnés sur l'Amélioration des Terres.

> Il est, il est un art de choisir les Engrais,
> Qu'au vertueux Townshend a révélé Cérès,
> Triptolême nouveau, je viens te rendre hommage;
> Le bien qu'on fait au monde ajoute à mon partage;
> Ami du bienfaiteur sans pouvoir l'imiter,
> J'aspire à ses vertus & j'aime à les chanter.
>
> *Poëme des Saisons.*

Il faut également faire mention que le Gouvernement Anglois a favorisé & encouragé les soins de la Nation pour l'Agriculture par autant de moyens que la plupart des Gouvernemens de l'Europe en ont employés, & en emploient encore pour la détruire; & fi le Peuple Anglois eft le plus induftrieux Cultivateur de l'Europe, le Gouvernement Anglois fut & eft le sûr garant de tous les profits de l'Agriculture. La première année du règne de *Guillaume* & de *Marie*, l'an 1689, le Parlement accorda une Gratification à quiconque exporteroit du blé & même de la mauvaife Eau-de-vie de grain, fur des Vaiffeaux de la Nation; cette gratification hauffoit ou baiffoit felon que les grains étoient plus ou moins chers dans le pays même, & ce n'étoit que dans l'évènement d'une difette totale que l'Exportation étoit défendue pour cette année-là. Ce Réglement a fouffert plufieurs variations; mais le gain fut toujours sûr pour la nation; & l'Agriculture étant encouragée de la forte, s'améliora au point que le produit en devint immenfe. Un extrait de l'Exportation des Grains préfenté à la Chambre des Communes en 1751, proúve que l'Angleterre en avoit vendu aux autres nations, en cinq années, pour 7465786 livres fterlings, ce qui feroit argent d'Empire, en calculant la livre fterling à 10 florins 74657860 argent d'Empire. Heureux le Pays qui peut faire de ces calculs! On m'affure que la quantité de Chevaux, de Bestiaux & d'Engrais s'étant encore augmentée par tous ces gains, la Culture s'y est améliorée sans cesse ; & qu'à présent une seule bonne récolte peut nourrir l'Angleterre pendant cinq ans. D'autres avantages encore qui peuvent exciter les Anglois à faire de grandes avances pour l'amélioration de leurs Terres, sont premièrement la certitude de ne pas être gênés par plus d'Impôts pour les gains de ces améliorations, & le second est la longue paix interne dont ils jouissent depuis la cessation des troubles du Prétendant, & la certitude, pour ainsi dire, que leur pays ne sera jamais le théâtre de la guerre ni la victime des déprédations d'un ennemi ; tandis que la France & plusieurs Provinces de l'Allemagne ne sont jamais certaines de jouir du premier de ces avantages & de ne point s'attirer plus d'Impôts par les Améliorations de leurs Terres ; & que l'Allemagne peut encore moins s'assurer de ne point voir tous les frais d'une longue & pénible culture anéantis par des guerres malheureuses, dont surtout ma patrie fut toujours le triste théâtre, & où quelques mois d'infortune ont souvent détruit les espérances de plusieurs années de peines, & ont porté les plus funestes coups à l'Amélioration de l'Agriculture & au bonheur de ces

ces Contrées. Cette Lettre-ci est bien longue & raisonnée; vous en serez tenté de croire que l'air que respire un Peuple pensant & differtant influe déjà sur votre ami. Adieu.

De Londres.

LETTRE X.

JE vais fréquemment aux Spectacles Anglois; la connoissance de cette langue sert à me les rendre fort intéressans. Le fameux *Garrick* illustre encore la scène; & comme c'est la dernière année qu'il accorde au Théâtre, il joue deux fois par semaine. Le nom de *Garrick* est trop connu pour rendre mon éloge superflu. Je fis sa connoissance en société, où il est autant aimé & apprécié par son esprit & ses connoissances agréables, qu'il l'est sur le Théâtre par ses rares talens. Quelques Comédies Angloises sont remplies de traits ingénieux, plusieurs sont bouffonnes, & d'autres larmoyantes : mais malgré l'excellence de plusieurs, mon goût reste décidé pour le Théâtre François, où la délicatesse ne nuit point au choix des idées ni au caractère des personnages. L'Anglois, pour trop vouloir imiter la Nature, la montre dans quelques Pièces d'une façon trop grossière & trop désagréable ; le proverbe dit : *qu'il n'y a point de Roi, point de Héros pour le Valet de chambre qui le sert;* je veux le croire; mais j'aime à voir le Monarque & le Héros figurer &

parler comme tels fur la fcène, & ne me fou-
cie point de le voir à fa garderobe ou quand
fes Valets de chambre l'entourent : L'idée du
grand, du fublime, doit fe foutenir dans toute
fon étendue, & fixer l'admiration ; or le fublime difparoît & l'admiration ceffe quand j'en-
tends un Héros parler comme un Crocheteur;
je ne difconviens pas qu'il n'y ait des momens
où le langage d'un Héros peut reffembler à
celui d'un Crocheteur, & que c'eft là la nature des chofes. Je pafferai auffi à l'Hiftorien
de dépeindre ce mélange du petit & du grand
& ce tableau du cœur humain dans fon Hiftoire ; mais je n'aime point à le voir fur la fcène.
Le Tableau de *Raphaël* ne doit point être obf-
curci du pinceau de *Callot*. Les fuperbes Tragédies de *Shakefpear* (toutes traduites en allemand) font quelquefois obfcurcies par des
nuances pareilles, mais que ne tolère-t-on point
pour le monologue de *Hamlet*, & pour tant
d'autres morceaux femblables ? Quelques Auteurs Allemands ont voulu imiter *Shakefpear*
dans leurs Tragédies, car c'eft là le goût dominant ; & ils ont merveilleufement réuffi à
faire tomber autant de corps morts fur le Théâtre ; mais ces traits fublimes, ces vives expreffions de l'ame, ces réparties fi heureufes dont
Shakefpear abonde, voilà ce qui eft plus diffi-

cile à imiter que le maſſacre d'une demi-douzaine de Perſonnages. J'ai auſſi entendu le grand Opéra de *Xerxès* en langue angloiſe, & je trouve, quoiqu'on en diſe, que l'*Anglois* ſe chante auſſi bien que le *François*. J'ai beaucoup ri en voyant, dans quelques Pièces angloiſes, nombre de nos Moines repréſentés ſur la ſcène; je vis dans un petit Opéra tout un Couvent de gros Dominicains, leſquels, après s'être enivrés avec du punch, s'amuſoient avec des Filles. Il y a à Londres un excellent *Opéra ſeria Italien*; la fameuſe *Gabrielli* y brille comme *prima Donna*, & le beau châtré ſignor *Rancini*, qui inſpira autrefois tant de goût à quelques Dames de M... pour les Héros Grecs & Romains, chante ici la *prima parte*, dont il s'acquitte à merveille. La *Gabrielli* jouit encore de la plus belle voix & d'une méthode charmante. Pluſieurs lui préfèrent la *Agulliari* ou la *Baſtardella*, laquelle après s'être enrichie à Londres, y prit des airs de hauteur & des manières ſi révoltantes, qu'elle finit par déplaire à tout le monde. Etant revenue en Angleterre il y a quelques mois, des plaiſans pour ſe venger d'elle, ne voulurent pas la laiſſer paſſer à la Douane, ſous prétexte qu'elle portoit de la vaiſſelle, choſe défendue en Angleterre : le fait eſt que, ſemblable à la Princeſſe de Paleſtrine dans *Can-*

dide, cette belle Chanteuse a aussi une Fesse d'argent. Je vis la *Bastardella* à Paris, & je l'entendis chanter dans plusieurs sociétés; elle finissoit de chanter au milieu de son air dès qu'une personne parloit dans la chambre. Je fus témoin à un Concert chez Mde. *de S...*, Dame Russe, qu'une Princesse se mit à ses genoux pour l'engager à chanter, sans pouvoir y réussir. Les Actrices Françoises, quelques fameuses qu'elles soient, sont plus honnêtes; & la célèbre Mlle. *Clairon* étant à Anspach, récitoit encore, à la demande de Personnes de distinction, ces mêmes Scènes des Tragédies, où autrefois tout Paris l'applaudissoit. Les Anglois à force de payer les talens, gâtent quelquefois ceux qui les possèdent. Tout Musicien qui excelle est sûr de sa fortune à Londres; il en est de même des autres arts; le fameux Graveur *Bartolotzki* se voit arrêté à Londres pour nombre d'années, quoique le Grand-Duc de Toscane, qui chérit & protège l'homme à talens, voudroit le ravoir dans son Pays. Londres a su réunir à l'égal de Paris les Sciences & les Beaux-Arts, avec la différence qu'un Homme à talens est sûr de faire fortune en Angleterre, & que quelques éloges & quelques Prix d'Académie font souvent leur seul partage en France. La Société Royale est la seule Académie à

Londres; une Société Littéraire établie à Oxford est liée de correspondance avec elle. La Société Royale fut établie par *Charles II*, en 1660; elle fit dans l'espace d'une trentaine d'années des progrès incroyables; les Ouvrages de génie, les Découvertes les plus intéressantes & les plus utiles en tout genre de science dont elle a enrichi le monde littéraire, lui ont acquis une réputation immortelle; le Docteur *Sprat* a écrit l'Histoire de cette Société. La seule objection que les François puissent faire contre la Société Royale à Londres, est, que tous les genres de Littérature & de Sciences y sont confondus; au lieu qu'en France chaque Académie traite les objets qui lui sont propres. Il est vrai qu'il n'y a point en Angleterre tant de différentes Académies, qui inspirent pour chaque genre de Littérature & des Beaux-Arts une noble émulation, & il faut avouer que les Belles-Lettres ne sont point cultivées en Angleterre comme en France; les talens agréables y sont moins communs; la Poésie y est en décadence & ne peut guère être comparée avec la françoise, pour ce qui est des Auteurs de ce siècle; enfin le nombre de Littérateurs est assez petit de nos jours en Angleterre.

Il n'en est pas de même des Savans; l'ardeur à rechercher la vérité, la justesse, la précifion des idées, femblent être le don des Anglois.

Leurs Univerfités font les plus célèbres & les plus juftement célébrées, elles font compofées de gens les plus favans en tout genre. La jeuneffe y eft inftruite tant pour les Sciences, que pour le Gouvernement & la Conftitution de l'Etat. Il n'eft point rare de voir un jeune homme de vingt & un ans, au fortir de l'Univerfité, tenir un Difcours au Parlement avec une force & une éloquence dignes des anciens Orateurs Grecs & Romains. La vérité fe dévoile chaque jour de plus en plus en Angleterre; on en découvre fans ceffe de nouvelles en fait de Phyfique, d'Anatomie, d'Hiftoire Naturelle, de Médecine & de Chirurgie. Les Cabinets d'Anatomie comparative & générale chez Meffieurs *Hunter*, le Médecin & le Chirurgien, font les plus parfaits & les plus curieux qui ayent encore exifté, c'eft là que l'on voit toute la délicateffe du travail & les découvertes les plus curieufes. Ce font eux qui ont trouvé le fecret de conferver les Vaiffeaux limphatiques à l'aide du mercure, ces petits vaiffeaux prefqu'imperceptibles à la vue avoient échappé à toutes les recherches pour les conferver. J'ai paffé beaucoup d'heures dans ces Cabinets. Le *Mufeum* Britannique, le Ca-
G iv

binet de M. d'*Hamilton* dans lequel se trouvent les Pièces les plus rares tirées d'Herculanum, dont le chevalier d'*Hamilton* fit présent au Museum, sont des objets dignes de la plus grande attention. On trouve aussi à Londres de superbes collections de Tableaux tant dans le Palais du Roi, que chez des Particuliers; les Anglois ont la manie des Peintures & les achètent autant par luxe que par goût, mais leurs Peintres Anglois n'ont point encore cette réputation que les François se sont justement acquise : Londres n'a pas un Peintre dont les Tableaux pourroient soutenir la comparaison avec ceux de *Creuse*. L'art du Doreur & du Vernisseur n'est pas non plus à ce dégré de perfection où il est en France; & les Dorures & Vernis Anglois n'ont ni la durée, ni la finesse de ceux qu'on fait à Paris. Pour les Gravures en noir, les Ouvrages en Acier & même en Horlogerie, les Anglois n'ont point de rivaux à craindre. En général, tout ce qui sort des fabriques Angloises est parfaitement bien travaillé & supérieurement fini, quoique sans avoir le joli clinquant des Ouvrages François. On pourroit dire de même que tout ce qui sort d'une tête angloise est bien pensé & raisonné, si même la tournure n'en est point aussi saillante que le seroit une idée françoise. La

Ville de Londres n'offre point autant de beaux Palais que Paris, où ils abondent; mais en revanche fes rues font mieux alignées & plus belles, & de larges trottoirs offrent toute l'aifance aux piétons; peu de Maifons ont des portes cochères. Quelques Anglois pouffent le luxe dans l'intérieur de leurs Maifons à un plus grand point encore que les François; je vis chez Lord D*** un Appartement confiftant en trois pièces, dont tous les Lambris & les Ornemens étoient en émail; ces trois pièces avoient coûté 20 mille livres fterlings. L'Eglife de St. Paul eft regardée comme le chef-d'œuvre de l'Architecture. J'aime à voir les Tombeaux dans l'Eglife de Weftminfter, le génie y eft honoré à l'égal de la grandeur; avec la différence que les Maufolées des *Shakefpear*, des *Milton*, des *Dryden*, arrêtent à coup fûr les regards des paffans; on ne peut voir fans une admiration mêlée de regrets, les cendres de ces grands Hommes qui ont illuftré leur Patrie; tandis que celles d'un *Henri VIII* ou de tout autre Roi indolent ou defpote, n'attirent plus qu'un regard paffager ou de mépris, dès que la Tombe couvre ces objets que la flatterie feule encenfoit de leur vivant. Quant aux bons Rois, leurs Tombeaux font dans le cœur de chacun de leurs Sujets; & les larmes du regret & du souvenir sont les plus beaux Mausolées qu'on puisse élever à leur grandeur & bienfaisance. On trouve à Londres, ainsi que dans toute l'Angleterre, nombre d'Hôpitaux & de Maisons de Charité, que l'opulence compatissante a érigés, & soutient pour les indigens; plusieurs de ceux-mêmes qui n'ont d'autre fortune que leur solde ou l'ouvrage de leurs mains, ont eu le cœur assez sensible pour sacrifier une partie de leur modique gain afin d'aider leurs confrères.

C'est à la Maison de Charité à Newcastle que les Matelots qui ne sont plus en état de servir sont entretenus par ceux de ce Port, qui donnent pour cet établissement une partie de leur paye. Si l'Hôpital pour les Invalides de la Marine à Greenwich est un monument éternel du génie bienfaisant des Personnes Royales & de la nation, celui de Newcastle prouve le triomphe de l'humanité même dans les cœurs les plus grossiers.

On trouve aussi à Plymouth un Hôpital pour les Matelots. Nombre de Maisons sont destinées à Londres pour ceux qui ont la petite vérole; on les nomme *Maisons d'Inoculation.*

L'Hôpital de Chelsea pour les Invalides, & la Maison pour les Enfans-trouvés, sont entretenus par la Nation; l'Hôpital des Enfans bleus ou de *Chriſt-Church*, fut fondé par *Edouard VI*, pour les Orphelins des deux sexes dont les Pères avoient droit de Maîtrise à Londres; on y entretient plus de 1500 Enfans qu'on met en apprentiſſage dès qu'ils font en état de travailler.

Chaque Maladie a presque son Hôpital particulier à Londres; les Malades y ont chacun leur lit, & tous les secours de la médecine & de la pharmacie leur font diſtribués exactement; tandis qu'à Paris les morts & les vivans ſe voient entaſſés les uns ſur les autres, & que le même Médecin doit ſoigner des milliers de Malades.

Après vous avoir cité des traits qui caractérifent l'ame bienfaiſante des Anglois, je finirai cette Lettre par quelques mots ſur leur Religion. Il ſeroit triſte que des ames ſi compatiſſantes aux ſouffrances de leurs ſemblables, mais dont très-peu ſont de la Religion univerſelle ou Catholique, n'euſſent point de compaſſion à eſpérer dans un monde à venir. *Voltaire* a très-bien dit: *Un Anglois, comme homme libre, va au Ciel par le chemin qui lui plait*; & s'il y va par le chemin des vertus, de l'amour de la patrie & de la bienfaiſance, certes il y va par un beau chemin. *C'eſt ici le Pays des Sectes*, dit encore *Voltaire*. *Multæ ſunt manſiones in domo Patris mei*. Cependant la Religion Anglicane y eſt la dominante. Les *Whigs* & les *Toris* ne troublent plus l'Angleterre de leurs difputes, & pourvu que l'on foit homme de bien, l'on peut y fervir Dieu à fa guife ; l'exercice public de la Religion Catholique n'y eft cependant point permis. J'étois il y a quelques jours, dans une Eglife de *Quakers*, que plufieurs confondent avec les *Hernhuts* ou *Moraves*, quoique leur fecte foit très-différente. Les Quakers effuyèrent jadis beaucoup de perfécutions, qui augmentèrent encore leur nombre ; il eft connu qu'un certain *Fox*, & un Guillaume *Penn*, qui les établit en Amérique, furent leurs principaux Apôtres. Leur fyftème, de ne point vouloir aller à la guerre, & de ne point prêter ferment en juftice, les a fait paroître odieux à la Nation Angloife, mais préfentement on leur rend juftice, & le Quaker jouit de la réputation de l'homme du monde le plus honnête. Ils fe piquent d'une grande fimplicité dans leurs vêtemens ; ils ont la tête couverte dans leur Eglife ; les Femmes & Filles Quakers font la plupart belles & de la plus grande fraîcheur, elles font prefque toutes vêtues de blanc. La parfaite égalité règne entre les Quakers, même entre les deux fexes, car les femmes ne font point regardées comme inférieures aux hommes. Le Quaker prétend que l'éducation qu'a reçue son Epouse la rend capable de s'occuper de tous les objets, même de ceux que les autres hommes semblent s'approprier à eux seuls, & que les Mariages Quakers sont les plus unis & les plus heureux du monde. Les Femmes peuvent aussi prêcher à l'Eglise, dès que l'Esprit Céleste les inspire; souvent il règne un grand silence dans leurs assemblées, jusqu'à ce que le Saint-Esprit descende sur eux, mais souvent aussi ils sont saisis d'un tel enthousiasme qu'ils se démènent comme des convulsionnaires & qu'ils ont un tremblement dans tous leurs membres, ce qui les a fait nommer *Quakers* ou *Trembleurs*. J'entendis prêcher une très-belle Quaker; elle parloit du devoir de maîtriser nos sens; j'avoue que la belle Prêcheuse, malgré la morale qu'elle débitoit, auroit fait sur moi l'effet contraire. L'esprit de persécution & de haine est inconnu parmi eux. Les Hernhuts ont aussi une Colonie en Angleterre, & plusieurs dans les Provinces Angloises de l'Amérique. Les Catholiques Romains, que les Anglois nomment *Papistes*, sont les seuls que le Peuple regarde moins comme Frères que les autres, & cela en souvenir des maux que les Guerres de Religion leur ont fait essuyer & pour la crainte que le Catholicisme ne devenant encore la Religion dominante, les autres n'en soient écrasés. La fameuse Colonne à Londres, appelée *le Monument*, qui fut érigée en mémoire du terrible incendie qui consuma une moitié de cette Ville, offre une preuve de l'aversion que le Peuple Anglois conserve contre la Religion Catholique. Outre la description de l'Incendie, gravée sur cette Colonne en langue latine, on y lit en anglois l'Inscription suivante : *Cette Colonne a été érigée en mémoire perpétuelle du terrible Incendie de cette Ville Protestante, tramé & exécuté par la perfidie & la malice des Papistes, au commencement de Septembre de l'an de grâce 1666, afin de pouvoir exécuter l'exécrable complot fait par eux pour extirper la Religion Protestante & l'ancienne Liberté Angloise, & pour introduire le Papisme & l'Esclavage.* Une telle Inscription, pour éterniser la mémoire d'un fait destitué de toute vraisemblance, devroit être depuis long-temps effacée de cette Colonne, & le Peuple Anglois devroit être convaincu que le glaive du fanatisme n'arme plus la main des Catholiques dont le devoir est, & fut toujours, de regarder tous les Hommes comme leurs frères. Je vous parlerai dans ma Lettre suivante des beaux environs de Londres, des Jardins Anglois, & de ce que j'ai trouvé de plus remarquable à l'Université d'Oxford. Adieu.

De Londres.

LETTRE XI.

Quoiqu'on dise que les Habitans de Londres ne jouissent jamais d'un Ciel sans nuage & que la vue du soleil soit un phénomène pour eux ; j'y trouvai cependant de très-belles journées & un climat doux & heureux ; il est vrai que la fumée du charbon de terre obscurcit le Ciel de Londres au point qu'étant sur la Tour de l'Eglise de *St. Paul*, je ne pus jouir d'aucune vue à cause de l'épaisse fumée qui couvroit toute la Ville; & que souvent aussi le brouillard y est si fort les soirs & matins, que la lumière s'en trouve offusquée, malgré la quantité de Lanternes, dont cette ville est éclairée. Mais dès qu'on est hors de l'enceinte de Londres, & même vers ses extrêmités, on y respire un air très-agréable, qui fait donner aux Maisons qui y sont situées, la préférence sur celles placées plus au centre.

Le *Parc de St. James*, le *Green Parc*, & le *Hide Parc*, sont des Promenades dont chacune offre des beautés qui lui sont propres. Le *Parc de St. James* est le plus fréquenté ; c'est là le rendez-vous du beau monde; ainſi que les Thuilleries & le Palais Royal à Paris. Le *Vaux-Hall* de Londres offre le même genre d'amuſement que celui de Paris; avec la différence que le Jardin du Vaux-Hall à Londres eſt plus vaſte, & forme un objet de promenade, tandis que celui de Paris n'eſt guère qu'un objet de coquetterie. De l'autre côté de la Tamiſe auprès du Village de Chelſea, ſont les Jardins de *Ranelaugh;* quoiqu'ils ſoient très-agréables, ils m'ont paru moins beaux que ceux du Vaux-Hall; on y déjeûne les matins; le ſoir il s'y trouve, ſur un Amphithéatre d'une décoration très-élégante, une excellente Muſique, & une Société nombreuſe.

Quant aux Jardins, dans les Campagnes des Seigneurs Anglois, ils ſont charmans & des plus agréables, tant par les attraits de la nature que par ceux que l'art y a ajoutés. La nature décore ces Jardins du plus beau gazon, qui ſe ſoutient preſque toute l'année; la verdure en eſt ſi gaie & offre tant d'attraits à l'œil qui la contemple, qu'on n'en trouve nulle part ailleurs d'un éclat pareil. A l'exception de ces beaux gazons que la nature ne produit qu'en Angleterre, les Jardins Anglois doivent tous leurs charmes aux ſecours de l'art, mais d'un art ſi bien raiſonné, que l'endroit le plus ſauvage, le terrain

rain le plus ingrat fe transforme en un féjour enchanteur, fans que l'art paroiffe y avoir porté beaucoup de foin, en forte que tout le triomphe refte du côté de la nature.

Les Jardins Anglois demandent pour leur conftruction un terrain vafte & beaucoup d'eau. C'eft en imitant les Jardins Chinois que les Anglois fe font approprié leurs agrémens & qu'ils en offrent à préfent le modèle aux autres nations, & même aux François, qui ont reconnu que les fituations variées, les places irrégulières, & les changemens de fcènes donnent plus de fatisfaction à l'œil & à l'ame, que ces places régulières d'un vafte Parterre orné d'un monotone berceau, ou de quelques allées fymétriques, qui après avoir caufé un inftant d'admiration, donnent des années d'ennui. On peut dire que les Jardins Anglois, à l'égal de ceux de la Chine, fe divifent en trois parties; celle qui offre un afpect doux & riant, une autre le trifte & l'horrible; & la troifième, l'enchanté ou le romanefque. Dans les points de vue qui repréfentent des fcènes douces & riantes, on voit des Ruiffeaux d'une onde claire, bordés d'arbres & de feuillages agréables; de larges Nappes d'eau avec des Ponts d'une conftruction hardie & bizarre; des Temples fuperbes à l'imitation des Temples anciens; des Amphithéa-

H

tres d'où l'on découvre les plus beaux points de vue; des Boulingrins du plus beau vert; de jolies Maisonnettes ou Reposoirs; enfin tout ce qui peut flatter l'œil & embellir ces scènes, est prodigué dans ces lieux charmans; comme les transitions subites & les différentes variations de couleurs & d'ombres font le plus d'impression sur l'ame, le génie anglois a soin de faire succéder ces aspects rians à des aspects tristes & horribles, de sorte qu'après avoir éprouvé les sensations de tristesse & d'une espèce d'effroi & d'horreur, on se voit subitement transporté dans un Paradis, où l'ame oublie toutes les impressions mélancoliques, pour se livrer à l'admiration & au calme d'un doux repos. Les aspects tristes & horribles sont des bois à feuillages obscurs & touffus, dans un terrain pierreux & inégal; là, un hermitage sombre & de la plus grande simplicité; ici, un Mausolée, des Tombeaux, où l'Amitié & l'Amour font répandre encore les douces larmes du souvenir.

Eh! qui n'a point pleuré quelques pertes cruelles!

Sur ces Tombeaux se penchent l'If & le Cyprès.

Se penchent sur la Tombe, objet de nos regrets,
L'If, le tendre Sapin, & toi, triste Cyprès !
Fidelle Ami des Morts, protecteur de leur cendre,
Ta tige, chère au cœur mélancolique & tendre,
Laisse la joie au Myrte & la gloire au Laurier,
Tu n'es point l'arbre heureux de l'Amant, du Guerrier,
Je le sais, mais ton deuil compatit à nos peines.

Poëme des Jardins.

Les objets effrayans sont des Rochers comme suspendus en l'air, & qui semblent vous menacer de leur chute; un Torrent rapide tombant du haut des monts & dont le bruit épouvante dans le lointain; une Grotte sombre & profonde dans un endroit presque désert. Le genre enchanté & romanesque offre des objets imprévus & qui paroissent tenir de la féerie; comme des chemins souterrains & sombres, au sortir desquels on se trouve tout à coup dans un Salon superbe, ou qui mènent à une Grotte toute resplendissante & éclairée. Des Rochers entr'ouverts qui offrent un point de vue d'optique tout particulier, des Maisonnettes souterraines qu'un ressort fait paroître; enfin plusieurs vues qui au premier coup d'œil semblent tenir de l'enchantement. Ces trois genres plus ou moins variés composent les Jardins *Anglo-Chinois.* Comme les lignes droites offrent un point de vue monotone, les Anglois ne s'en servent pas toujours dans leurs Jardins ; des lignes qui vont en serpentant leur procurent des agrémens plus variés ; les lignes droites sont employées pour mettre dans le point de vue des objets intéressans ; elles sont également nécessaires dans les terrains entiérement unis, où une route qui serpente seroit fort déplacée.

Il est plus difficile d'imiter un Jardin Anglois qu'on ne le pense ; car l'art doit y être employé avec beaucoup de déguisement & de discernement, pour ne pas choquer & contrarier la nature. Plusieurs en France & en Allemagne croient imiter les Jardins Anglois en faisant serpenter quelques chemins dans des taillis & dans des terrains unis ; en élevant quelques Ruines ou quelques Temples dans des situations où jamais les anciens n'élevoient leurs Temples, & enfin en formant quelques Collines ou Montagnes factices où la nature refusa d'en placer.

Et dans un sol égal un humble Monticule
Veut être pittoresque, & n'est que ridicule.

Poëme des Jardins.

Ce que les Anglois appellent *Clumps*, ou Pelotons d'Arbres, forme un objet fort agréable quand on sait bien les employer. On y trouve aussi des Places où tous les Arbres étrangers des quatre parties du monde font naturalifés, ce qui préfente mille attraits aux regards de l'amateur & du connoiffeur. Les Anglois ont auffi dans leurs Jardins des Fermes ou Métairies, où tout ce qui eft néceffaire à l'Agriculture & au Pâturage fe trouve en abondance, & où ils renferment le plus beau Bétail en tout genre : Dans un Jardin près de Paris, dont le poffeffeur vouloit imiter le genre Anglois, je vis une Ferme fituée entre une allée & un jet d'eau d'un côté & des brouffailles de l'autre. Ni champ ni pâturage ne fe trouvoient dans toute l'étendue du Jardin. Sans doute qu'on y nourriffoit les belles Vaches qu'on m'y fit voir comme on nourrit les Roffignols. Je l'ai dit, & je le répète encore ; il ne faut pas choquer la nature en l'embelliffant ; & c'eft à quoi les Anglois apportent le plus grand foin. Comme la plupart des Seigneurs Anglois reftent neuf mois à la campagne, & qu'il eft de l'étiquette d'y régaler tout le voifinage, chacun cherche à orner fa Campagne à l'envi l'un de l'autre, & plufieurs y emploient tant de magnificence pour les bâtimens & pour les Jardins, que lorfqu'elle eft bien embellie, elle doit quelquefois être vendue pour dettes. Les dépenfes en font toujours exceffives. Le Jardin feul de M. d'*Hamilton* près de *Pemfil*, fut vendu à un Négociant Anglois pour vingt mille livres fterlings, & il avoit coûté le double à fon premier poffeffeur. Je ne bornai point ma courfe à vifiter les plus beaux Jardins Anglois. Je m'arrêtai auffi à *Newmarket*, où fe font les fameufes Courfes de Chevaux, & où tant d'Anglois ont vu la fin d'une riche fortune. Le goût des Anglois pour les paris eft monté à un fi haut point, que chaque jour on en voit de plus bizarres. Je fus témoin d'un, dont un petit vermiffeau étoit le fujet. On le plaça au milieu d'une table & quatre Parieurs hafardèrent une groffe fomme fur la direction de la marche de ce ver, ou de quel côté de la table il defcendroit. L'Univerfité d'*Oxford*, à trente milles de Londres, m'a plu infiniment. Elle eft compofée de dix-huit grands bâtimens & de huit petits, tous de pierres de tailles, & d'une belle ftructure. On y entretient environ mille Etudians qui y font nourris & enfeignés gratuitement. Cette Univerfité jouit de grands priviléges. Tous fes Officiers ne dépendent que du Roi. Elle a un Chancelier qui eft ordinairement un des grands Seigneurs du Royaume. Elle forme auffi une Société Littéraire fous le nom de *Société de Philofophie*; c'eft dans cette Univerfité que font renfermés les Marbres, nommés Marbres *d'Arundel*, puifque c'eft à la famille des Lords *Arundel* qu'on en doit l'acquisition : ces Marbres forment l'Histoire la plus authentique des Grecs, & font les monumens les plus curieux qui existent. Ce font des Pierres sur lesquelles sont gravés les Evènemens les plus intéressans de la ville d'Athènes, le tout en Lettres capitales grecques. Thomas Comte d'*Arundel*, fameux par son goût pour les Beaux-Arts & sa profonde érudition, envoya Guillaume Pétrée en Asie, pour y faire des découvertes sur quelques anciens Monumens; il acheta ces Marbres d'un Turc qui les avoit pris à un Savant envoyé par le célèbre *Peirech* en Grèce & en Asie, pour le même dessein. On découvre dans ces Marbres plusieurs points de l'Histoire & de la Chronologie des Grecs. Parmi les soixante & dix-neuf Epoques qui y font inscrites, il y en a trois des plus remarquables, savoir, la neuvième, datée du temps de l'arrivée du premier Vaisseau de l'Egypte en Grèce, mil cinq cent & onze ans avant la naissance de notre Seigneur. La douzième, datée du temps que *Cérès* vint à Athènes & y enseigna l'art de semer les grains, sous le règne d'*Erichtée*, & la quarantième, qui date du jour qu'on commença à jouer la Comédie à Athènes. Il y a encore plusieurs Inscriptions très-curieuses sur ces Marbres, dont il ne reste

H iv

que la moitié de ceux que Lord *Arundel* avoit reçus d'Asie. Une grande partie de ces Marbres ayant été consumée & égarée dans un incendie arrivé aux Jardins d'*Arundel*, ceux qui y échappèrent furent donnés par *Henri Arundel* à l'Université d'Oxfort, où ils sont déposés. On y trouve encore d'autres Marbres avec des Inscriptions, de même que les Statues, données par le Comte *de Pomfret*. Ce sont pour la plupart, des *Antiquités Romaines*; on y voit entr'autres une Statue de *Ciceron*, d'une structure & d'une perfection admirable. Plusieurs pièces en bas-relief démontrent des faits historiques. Un de ces Marbres nous instruit de ce qui a donné l'occasion aux Fables des Centaures. On voit sur un autre la Chasse & le Combat des Taureaux, inventés en premier lieu par les Thessaliens, & pratiqués dans les Cirques Romains par ordre de *Jules-César*. On y voit encore plusieurs observations concernant la coutume de brûler les corps morts, du temps des Romains; on y voit que cette coutume a cessé du temps de *Macrobe* & qu'il n'y avoit que les Empereurs, les Vestales, & les Personnes de la première distinction qui pussent être enterrés dans les murs de Rome.

Je retournai à Londres plus satisfait de l'Angleterre que jamais.   Adieu.

De Londres.

LETTRE XII.

QUOIQUE plufieurs de mes Lettres ayent déjà touché quelques objets relatifs au gouvernement Anglois, je veux y ajouter encore quelques mots, avec l'attention cependant de ne pas vous ennuyer par une longue defcription de chofes que beaucoup d'Auteurs & de Voyageurs ont amplement détaillées; quoique leurs idées & leurs jugemens fe contrarient quelquefois. On peut affirmer qu'il feroit difficile de faire une Conftitution d'Etat plus accomplie, & mieux combinée que n'eft celle de l'Angleterre. Si cette Conftitution ne remplit pas toujours le but qu'elle s'eft propofé, la foibleffe & la corruption des hommes qui fouvent mettent obftacle à l'accompliffement des meilleures lois, en font les feules caufes. Le Gouvernement Anglois eft compofé de deux Puiffances, l'une eft la Légiflative qui eft propre à toute la nation, & l'autre l'Exécutrice qui eft réfervée pour le Roi feul. L'une de ces deux puiffances ne peut rien fans le confentement de l'autre. La Nation réunie, c'eft-à-dire le Parlement, peut feule créer de nouvelles Lois, interpréter ou abroger les anciennes, établir les Impôts, Taxes, & Contributions, en fixer la durée & la perception, les Lois de Prohibitions, de Priviléges; enfin tout ce qui est de la puissance Législative est du ressort du Parlement. Le Parlement a aussi le droit de se plaindre de l'inexécution de ses Lois, si le Roi, ou la Puissance exécutrice, ne les met pas en valeur; & même de surveiller & d'examiner la conduite des Ministres, qui sont obligés de répondre devant le Parlement sur le maniement des affaires que le Roi leur a confiées; dès que cela regarde le bien public, par exemple, l'Administration des Fonds pour la Marine, pour la Guerre & autres.

Comme tout Souverain (même dans les Monarchies où l'autorité Royale est moins limitée qu'en Angleterre) ne peut disposer du bien de ses sujets, ni les taxer par d'autres impôts, que par ceux qui sont strictement nécessaires pour la conservation de l'État & pour leur propre bien-être, & que s'il agit autrement, il cesse d'être le père de ses Peuples pour devenir despote ou tyran; le Roi, ou la Puissance exécutrice, en Angleterre, doit spécifier à la Nation les besoins de l'Etat, & les secours qui sont nécessaires pour subvenir à ces besoins. Le Parlement alors délibère sur ces demandes &

la pluralité des voix décide pour ou contre. Chaque question ou demande proposée au Parlement, porte le nom de *Bill*; & si la pluralité des voix se décide en sa faveur, elle passe ; alors il dépend encore du Roi d'y donner son consentement pour la réaliser, ou bien son refus, si la demande n'a point été faite par lui, & si la loi lui paroît préjudiciable. La Puissance Législative, ou le Parlement, se divise en deux Chambres, l'une nommée la Chambre Haute ou Chambre des Pairs, qui rassemble les Grands de la Nation; & l'autre la Chambre Basse ou des Communes, qui représente le Peuple. Tous les Pairs ont droit d'entrer dans la Chambre Haute ; ce droit est inhérent aux Pairies, lesquelles sont héréditaires, mais ne peuvent être possédées par des Femmes. La Pairie & la Vie ne peuvent être ôtées à un Pair qu'en vertu d'un jugement de tous les Pairs du Royaume ; & un Pair ne peut être emprisonné pendant la tenue du Parlement que pour le seul crime de haute trahison. La Chambre Haute est composée du Grand-Chancelier, des Princes du Sang, des Ducs, Marquis, Comtes & Vicomtes; actuellement 189 Pairs pour l'Angleterre, 16 pour l'Ecosse, puis deux Archevêques & 24 Evêques ; en tout 231 Membres. La Chambre Basse ou des Communes, est composée des Députés des 52 Comtés que contient le Royaume d'Angleterre, & de ceux d'environ deux cents Villes & Bourgs. Ces Députés choisissent l'un d'eux pour les présider qui porte le titre d'*Orateur*. Le droit d'être élu Membre du Parlement est inhérent aux Terres, & il faut posséder un Bien-fonds pour être éligible. Une propriété de 600 livres sterlings donne le droit à tout citoyen de prétendre à la nomination, fut-il le dernier des Laboureurs. Ce sont les Propriétaires Terriens dans les Comtés qui ont le droit de voter pour leurs représentans, & il suffit d'une propriété de 40 schellings de revenu dans le Comté pour donner voix. Les Bourgeois élisent leurs représentans pour chaque Bourg & Ville. Depuis l'Edit donné sous la Reine *Anne*, l'an 1707, le Parlement se renouvelle tous les sept ans, & il faut alors que la Cour rassemble les Pairs pour la Chambre Haute, & donne les ordres dans les Provinces pour les Elections de la Chambre des Communes. Le terme de sept ans expiré, les Membres qui composoient le Parlement redeviennent simples Citoyens. Quoique la durée du Parlement soit présentement fixée à sept ans, le Roi peut empêcher qu'il ne s'assemble; il peut le dissoudre & le convoquer de nouveau. La charge d'un Représentant au Parlement est vivement désirée par chacun de la Nation, & il est incroyable combien de peines les Propriétaires des Terres se donnent pour être élus ; c'est alors que les Paysans & les Artisans se voient courtisés par les plus grands Seigneurs pour obtenir leurs voix ; & quoiqu'une loi défende expressément d'acheter ou même de trop solliciter pour les voix, il y a toujours mille moyens de l'éluder. Comme beaucoup de Gentilshommes se ruinent pour l'honneur de cette Election, il arrive nécessairement que leurs Voix au Parlement deviennent quelquefois corruptibles, & que les Ministres & Partisans de la Royauté s'en prévalent pour faire pencher la balance de leur côté. Il en est de même dans la Chambre Haute, où plusieurs Pairs, les uns par attachement, les autres par ambition ou intérêt, sont aveuglément dévoués aux volontés de la Cour & des Ministres. Les Anglois se plaignent amèrement de la vénalité de ces Voix ; d'où il arrive que la plupart des demandes de la Cour emportent la pluralité des voix aux Parlemens : Mais quoiqu'on en dise, il est certain que si la Liberté Angloise ou la Propriété des Biens de chaque Citoyen couroit quelques dangers réels par ces demandes de la Cour, la pluralité des voix ne seroit jamais en sa faveur.

On peut considérer l'Angleterre comme divisée en deux partis; l'un qu'on nomme le *Royaliste*, qui semble dévoué en tout à l'autorité Royale & sur lequel les Ministres font toujours compte; l'autre se nomme *Parti de l'Opposition*; celui-ci crie contre les Ministres & s'oppose toujours aux demandes de la Cour, si même elles étoient justes & nécessaires. Le Peuple Anglois est sans cesse inquiet sur l'augmentation de l'Autorité Royale, & murmure au moindre changement où il suppose que la Cour puisse avoir part. Plusieurs alors veulent se faire un nom en excitant la multitude à se plaindre, & en se mettant à leur tête. Il en est de même de beaucoup de Gentilshommes & Représentans dans la Chambre des Communes, & même dans la Chambre Haute, où les uns s'opposent aux demandes de la Cour, par un vrai zèle patriotique, afin que le bien-être de la Nation ne dépende point de la volonté arbitraire des Ministres, mais de la sagesse des Lois. D'autres s'opposent par un fanatisme républicain, qui, porté au dernier excès, deviendroit aussi dangereux que le pouvoir despotique. D'autres enfin se déclarent contre la volonté de la Cour afin de faire payer leur future condescendance par de plus grands bienfaits. Si la Cour n'avoit point dans son parti la plupart des Grands du Royaume, qui, soit par attachement, soit par ambition, soutiennent toujours les intérêts du Trône ; si les Ministres n'achetoient point les voix pour obtenir la pluralité dans quelques demandes aux Parlemens, le Gouvernement deviendroit bientôt Démocratique, ou Aristocratique. Ainsi les brigues & la vénalité des voix n'opèrent pas toujours tout le mal que l'on pense ; surtout dans un Pays où le Peuple voudroit sans cesse diminuer l'Autorité Royale ; & si en revanche le parti de l'Opposition ne soutenoit la liberté du Citoyen, ainsi que les Lois fondamentales du Royaume, il dépendroit de chaque Ministre absolu & ambitieux de faire de son Roi un Despote & d'anéantir le bien public. On pourroit comparer l'Etat du bien-être du Gouvernement Anglois à ce fameux *Lit de Mahomet*, que plusieurs dépeignent suspendu en l'air entre deux Aimans, qui, l'attirant chacun avec une force égale, le soutiennent dans un juste milieu ; il en est de même du Parti Royaliste & de celui de l'Opposition ; le juste milieu peut seul procurer l'équilibre : Si l'Aimant des Royalistes attire avec trop de force, c'en est fait de la Constitution ; & si l'Aimant Républicain l'emportoit, l'Angleterre deviendroit une République qui bientôt se déchireroit elle-même : C'est donc la force égale des deux Aimans qui soutient l'équilibre de la Nation. Il me paroît cependant que l'Aimant Républicain commence à perdre de sa force.

On se tromperoit en croyant qu'un Roi d'Angleterre n'est qu'un Monarque doué d'un vain titre sans autorité & puissance. Un Roi d'Angleterre a le pouvoir de faire tout le bien & n'a guère celui de pouvoir faire du mal; voilà pourquoi les Anglois disent que leur Roi est le plus grand de l'univers, parce que sa puissance est en cela semblable à celle de Dieu, qui ne peut faire que tout le bien possible. Il ne peut condamner un Citoyen à la mort, mais il peut faire grâce à un coupable condamné par les Lois, en remettant l'exécution à cent ans : il nomme à toutes les Charges tant des Départemens internes que pour les Affaires étrangères ; il a seul le droit de faire la Paix ou la Guerre, mais comme il faut pour la Guerre des subsides extraordinaires, & que la Nation est libre de les accorder ou de les refuser, un Roi conquérant qui pour se faire un vain nom voudroit tenter des conquêtes inutiles & ruineuses, n'auroit pas aussi beau jeu qu'un *Charles XII*. Jamais aussi un Roi d'Angleterre n'offriroit, comme *Charles XII*, d'envoyer sa Botte pour gouverner des hommes. D'ailleurs peu de Monarques jouissent d'un revenu aussi considérable que le Roi d'Angleterre.

terre. Outre que toutes les Charges de l'Etat font payées par la Nation, le Roi reçoit pour fa Perfonne & pour l'entretien de fa Cour, plus d'un million de livres fterlings, & en ajoutant à cette fomme l'argent qui lui revient du Pays d'Hanovre, on peut affurer qu'il eft le plus riche Souverain de l'Europe; car lequel aura plus de dix millions de florins de revenus uniquement pour l'entretien de fa Cour & pour fes plaifirs ?

Le Roi jouiffoit autrefois des revenus des droits de la Douane & de plufieurs autres Impôts. Il faut dire ici en paffant que la Douane de Londres eft l'Inquifition la plus févère, même la plus fcandaleufe qui exifte, puifque les propres Habitations & les Foyers du Citoyen ne font point des afyles à l'abri des fouilles fifcales, & qu'aux moindres foupçons les Satellites de la Régie peuvent, au nom du Gouvernement, porter impunément leurs mains & leurs regards jufque dans les fecrets des familles. Si l'on ajoute aux vexations de la Douane celles de la preffe des Matelots pour les Vaiffeaux de guerre, attentat qui met à la Liberté nationale & au Commerce les plus grandes entraves, & par où tout Citoyen ceffe de l'être dès qu'on le juge propre pour la Marine; on eft tenté de croire au Manichéifme, & l'on s'imagine

I

de voir un mauvais génie, un noir Typhon, un barbare Arimanes, qui répand son souffle impur dans les régions mêmes que le génie bienfaisant a le plus richement dotées.

Quant à la forme de la Justice en Angleterre, c'est sûrement un génie bienfaisant qui l'a introduite. Chaque Citoyen doit être jugé par douze de ses égaux; & chaque Citoyen honnête peut être jugé à son tour. L'Accusé peut, sans alléguer aucune raison, exclure quarante de ses Concitoyens du droit de le juger; & de plus en exclure autant d'autres qu'il peut trouver de raisons valables. Quand enfin douze, contre lesquels il n'y a aucune objection à faire, viennent à le juger, il faut que ces douze soient tous d'accord pour le condamner à la mort; l'Opposition d'un seul empêcheroit cet arrêt; maxime admirable & qui me fait ressouvenir de ces belles paroles du Pape Bénoît *XIV*, *qu'il vaut mieux sauver dix Coupables que de condamner un Innocent.* La Torture n'est point usitée en Angleterre, & tous les Jugemens & les Procédures se font publiquement.

Il est connu que l'Angleterre est surchargée de Dettes; heureusement que pour la plus grande partie elles sont nationales. Il y a un Fonds d'Amortissement établi par le Parlement pour le remboursement des Dettes de l'Etat;

mais ce Fonds n'a pu jusqu'ici remplir le but proposé, vu les nouvelles Dettes que les fréquentes Guerres en Amérique occasionnent. L'Armée de terre Angloise n'est tout au plus que de vingt mille hommes; & comme l'Angleterre est une Puissance Maritime, une Armée de terre plus nombreuse lui seroit inutile, & deviendroit ruineuse, d'autant plus que la solde militaire est surement du double plus forte que chez les autres Nations. Il est connu que la Cavalerie Angloise est la plus belle & la mieux montée de l'Europe. Je vois toujours avec un nouveau plaisir l'exercice des Gardes du Corps à cheval, dans le *Green Parc*; la beauté des Hommes & des Chevaux, & leur extrême légéreté, est au dessus de toute comparaison.

Je finirai mes Lettres sur l'Angleterre par les Vers suivans, dans lesquels j'ai cherché à dépeindre l'admiration que m'inspirent la Nation & le pays que je vais bientôt quitter.

L'ANGLETERRE.

O fortuné Pays! bien-heureuse Angleterre!
A tes superbes vœux le sort paroît soumis:
Par les Arts bienfaisans tu règnes sur la Terre;
Le Trident de Neptune en tes mains est remis.
Ici de sages Lois, que l'Univers renomme,
Elèvent la raison avec la vérité;

Le moindre Citoyen jouit des droits de l'Homme,
Des droits de la Nature & de la Liberté.

On ne voit point ici le luxe & la mollesse
Etaler avec pompe une liste d'Aïeux :
L'encens ne s'offre point au rang, à la richesse.
Qu'importe à l'homme libre un titre ambitieux ?
Le Mortel, décoré de sa seule naissance,
Se flatteroit en vain d'un chimérique honneur ;
Le Mortel élevé, c'est le Mortel qui pense :
Ici la Dignité doit être dans le Cœur.

Près d'un Sexe charmant que d'attraits j'envisage,
La Beauté, dans ces Lieux, a fixé son séjour ;
Mon cœur, avec transport lui rend un pur hommage,
Et se défend en vain des charmes de l'Amour.
D'un coloris menteur dédaignant l'imposture,
Le Sexe ignore ici les prestiges de l'art ;
Il n'en surcharge point les traits de la Nature ;
C'est la seule Pudeur, qui lui tient lieu de Fard.

Des beaux Arts enchanteurs la foule m'environne.
Chaque jour la Science augmente son trésor ;
La raison se produit, la Gloire la couronne :
L'heureuse vérité jouit d'un libre essor.
On méconnoît ici ces brigues, cette haine,
Ces talens oppresseurs, & toujours ennemis,
Ces combats, ces tourmens, d'une gloire incertaine,
Les Beaux-Arts sont égaux, les Beaux-Arts sont amis.

Ici de la sagesse on voit le Sanctuaire,
Non pas cette Sagesse inutile aux Humains,
Aride, nonchalante, aux Arts toujours contraire,
Et qui voit les Lauriers se flétrir dans ses mains.
L'Amour pour son Pays, l'Honneur, la Bienfaisance,
Voilà les Sentimens, les vertus de l'Anglais!
O Peuple glorieux, qui leur donnas naissance,
Puisse-t-il, dans ton sein, ne s'altérer jamais!

De Paris.

LETTRE XIII.

D'APRÈS ce que je vous ai écrit, de Londres & de l'Angleterre, vous jugerez avec quel regret j'ai quitté ce pays, je pourrois à ce sujet vous écrire une Lettre avec les expressions de *St. Preux*, dans la nouvelle Héloïse, lorsqu'il quittoit sa Julie; mais un Voyageur ne doit point adopter un style que le vulgaire nomme romanesque. Je vous dirai donc, que je passai la mer avec toute la vîtesse possible; les vents étant très-favorables.

Après m'être arrêté un jour à *Lille*, capitale & la plus belle Ville de la Flandre Françoise, j'arrivai le soir à *Péronne*, petite Ville, qui sera notée dans le Journal de tout Voyageur pour les vexations que les Douaniers lui font essuyer. Cette gent infernale après avoir visité & dérangé toutes mes malles, s'avisa de fouiller en cachette jusque dans les poches de mes gens; l'un d'eux, non instruit des lois & coutumes du Royaume, ayant acheté une livre de Tabac à Lille, fut jugé Contrebandier & condamné aux galères; j'eus beau représenter que mes gens n'ayant point fait un cours de droit en France, ils devoient ignorer qu'il étoit défendu de paſſer par Péronne avec du Tabac de Flandre, & qu'il étoit naturel que ces gens d'un esprit moins raffiné, duſſent juger que tous les effets achetés dans les Provinces appartenantes au Roi auroient libre cours dans tout le Royaume. On me montra pour toute réponſe une longue Liſte des Sujets du Roi que la friandiſe de leur nez faiſoit ramer aux galères, pour avoir commis le crime atroce de ſe pourvoir pour quelques ſols d'un moins mauvais Tabac que celui de la Ferme. Je jetai enfin de la poudre aux yeux d'un des orateurs du Bureau, & lui ayant gliſſé ſix louis d'or en main, mon Domeſtique lui parut l'homme le plus innocent du monde. Il eſt certain que de tous les déſagrémens auxquels un Voyageur eſt expoſé, celui des Douanes eſt le plus terrible. J'ai lu dans la Vie du fameux *Apollonius de Tyane*, qui vivoit du temps de l'Empire de *Domitien*, un trait que je ne puis me diſpenſer d'inſérer dans ma Lettre & qui prouve au moins que les Douaniers exiſtent depuis long-temps & exiſtoient toujours tels qu'ils ſont encore. *Comme Apollonius & ſes Compagnons vouloient entrer en Méſopotamie, le Publicain de la Ville de Zeugma leur ordonna de s'approcher du Bu-*

reau & de déclarer la Marchandife, qu'ils apportoient. Apollonius répondit : *J'apporte la modeftie, la juftice, la continence, la probité*; & il nomma plufieurs autres vertus par des noms féminins; le Péager attentif à fon profit dit, qu'il avoit enregiftré ces Efclaves. Apollonius repliqua : *cela ne fe peut point, parce que celles que j'amène, font Maîtreffes, & non Efclaves*. Combien de Douaniers ne trouvera-t-on point aujourd'hui, qui regarderont, & enregiftreront la modeftie, la probité, la continence, comme des Efclaves! mais trouvera-t-on encore beaucoup de Voyageurs qui apporteront de pareils effets dans les pays qu'ils parcourent. Si l'on mettoit un droit d'entrée fur quiconque porteroit avec lui un efprit de fuffifance, d'orgueil, de libertinage & de diffipation, de combien le Fifc Royal ne fe verroit-il pas enrichi par cette nouvelle Douane? mais chut là-deffus; car le Fifc, toujours attentif à augmenter fes Taxes, pourroit bien adopter mon plan, & je ne veux point me brouiller avec la fecte des petits Maîtres de l'Europe, cette fecte étant plus bruyante & plus nombreufe que celle des Philofophes. Je ne vous écrirai plus rien de Paris; quoique le fujet foit inépuifable, il n'intéreffe pas toujours dans le lointain. Adieu.

De Genève.

LETTRE XIV.

Enfin j'ai quitté Paris pour voir l'Italie ; je pris ma route par Dijon, Châlons & Mâcon, trois Villes principales de la Bourgogne. J'arrivai le cinquième jour à Lyon, à soixante & une postes de Paris. Lyon est situé au confluent du Rhône & de la Saone ; ses environs sont aussi agréables que fertiles. Cette Ville, qui par ses Manufactures met presque toute l'Europe à contribution, contient aux environs de cent cinquante mille habitans ; du reste cette Ville ne brille point par la beauté, ni par l'égalité de ses rues & des maisons ; cependant la Place de *Louis le Grand* est une des plus belles que l'on puisse voir, & telle qu'on n'en trouve point de pareille à Paris, ni à Londres. En fait de Bâtimens, celui de l'Hôtel-de-Ville & celui de la Comédie sont également d'une belle architecture : Le premier est orné par les Peintures du fameux *Blanchet*, qui y a tracé d'un pinceau sublime l'embrasement de la ville sous le règne de *Néron*. On trouve encore à l'Hôtel-de-Ville un *Taurobole* ou Autel antique, pour conserver la Mémoire d'un Sacrifice de Taureau à la Déesse *Cybèle*. La Salle de la Comédie est fort belle. Je passai beaucoup de temps à examiner toutes les Manufactures. Qu'on se représente une Ville où tous les Ouvriers sont réunis, qui attire de l'argent de presque toutes les Villes de l'Europe; qui attire de chez l'étranger les matières premières pour les revendre avec un profit immense après les avoir travaillées; & qui a l'avantage d'avoir par le Rhône une communication avec la mer; & on se formera une idée de l'état florissant de cette grande ville. La plupart des soies qu'on travaille à Lyon se tirent du Piémont. Quand on considère par combien de mains elles doivent passer; quand on considère les frais pour les mettre sur le métier, & pour la beauté du dessein, on ne s'étonne plus de la cherté des Etoffes. Chaque Négociant a ses Manufacturiers avec lesquels il s'accorde pour le prix de la main d'œuvre, pour chaque nouvel ouvrage qu'ils doivent tendre sur le métier. Ces Manufacturiers ont leurs Ouvriers, qui sont payés selon la quantité de leur travail; les Manufacturiers n'y mettent que la dernière main & se servent à cette fin de quelques drogues qui donnent un plus beau lustre à l'Etoffe, & dont ils ont grand soin de dérober la connoissance au public. Les Négocians ont encore d'excellens Dessinateurs à leurs gages pour la beauté & la nouveauté du dessein des Etoffes. C'est par le goût dans le dessein, par cet art si bien cultivé en France, qui peut être nommé avec justice le principe & la base de la plupart des arts, que les François donneront toujours la loi aux ouvrages de fantaisie & de mode, vu le goût réel & la nouveauté qui règnent toujours dans leurs desseins. Les Métiers pour la Manufacture des Velours sont si compliqués qu'on y voit plus de cordages que sur un vaisseau.

De Lyon, je pris ma route par Genève pour aller en Italie. Genève, qui forme une république aussi particulière que sage, est à dix-neuf Postes de Lyon. Ce n'est que par la concorde la plus soutenue qu'une ville avec un si petit terrain & toute contiguë à la France, a su soutenir sa liberté sans aucune atteinte. Elle contient près de trente mille habitans, & les Horlogers composent presque le tiers de sa population. L'Horlogerie est la branche la plus considérable du Commerce Genevois; la plupart des pièces qui la composent, sont fabriquées à très-bon compte dans les montagnes de la Suisse; cette nation laborieuse renfermée une partie de l'année dans des montagnes de neiges, s'occupe alors de pièces d'horlogerie & les vend enfuite aux Genevois qui y mettent la dernière main & les revendent aux François & dans beaucoup d'autres pays, où elles paffent pour françoifes; une Montre d'or ne coûte à Genève que neuf ducats. Le commerce des Genevois confifte encore en Mouffelines, en Toiles peintes, & furtout en Bijouterie. La jeuneffe peut s'inftruire en tout genre d'arts & de fciences aux dépens du Gouvernement. Les Charges ne fe donnent à Genève qu'au mérite feul, fans aucune diftinction pour l'âge ni l'ancienneté. La Religion Réformée y eft dominante, toutes les autres y font tolérées & jouiffent des mêmes prérogatives, hors la Juive qui en eft abfolument exclue. C'eft en lifant la *nouvelle Héloïfe* de *Rouffeau,* que l'on peut fe former une idée des délicieux environs de Genève & du génie de fes habitans; les femmes y joignent la pureté des mœurs à la vivacité de l'efprit ; c'eft à Genève que les Mariages font encore refpectés, que les noms d'Epoufe & de Mère font facrés, que les femmes connoiffent des devoirs qui, fans les rendre moins aimables, les rendent plus refpectables & plus fortunées. Une Genevoife ne rougit point de paffer pour Epoufe tendre & Citoyenne zélée. L'infidélité, colorée du nom de galanterie, n'est point censée y être de mode; les François leurs voisins, en y communiquant leur amabilité, n'y ont pas introduit la corruption des mœurs. Le Genevois voyage beaucoup, & fort jeune; de retour en sa Patrie, il se marie & devient bon Citoyen, bon Père. Les Beaux-Arts & le goût des Sciences dominent à Genève, les Femmes y sont instruites sans être pédantes; on connoît combien la Littérature est redevable à ses Citoyens, & combien de grands génies ont immortalisé cette Ville. La garnison consiste en 700 hommes entretenus aux frais communs.

Le Gouvernement de la république est dirigé par deux sortes de Magistratures, & par l'Assemblée générale de la Nation, qui consiste dans le Corps entier des Bourgeois & des Citoyens qui ont passé 25 ans. C'est à ce corps qu'appartiennent la Puissance Législative, les Impôts & l'Election des Chefs de la Magistrature, de même le droit de la Paix ou de la Guerre, si une république comme Genève peut avoir un droit de la guerre au moins pour la défense de sa liberté. On m'assure que quoique le nombre des votans dans les Assemblées nationales soit souvent de plus de 1600 Personnes, ces assemblées, qui se tiennent dans l'Eglise Cathédrale, se passent toujours sans bruit, & que

I vij

le démon de la difcorde n'y a point fouflé encore; mais je ne réponds pas que dans ce *fiècle* nommé *philofophique*, où l'on cherche à briller les uns aux dépens des autres, cette union fe maintienne toujours. Les Lois fomptuaires étoient autrefois fort rigides à Genève; elles femblent fe relâcher préfentement. De telles lois, qui feroient nuifibles au bien du Commerce & à l'agrandiffement d'un vafte Royaume, font utiles & néceffaires dans une petite République. Ainfi Sparte & Lacédémone ne pouvoient être gouvernées par les mêmes lois & d'après les mêmes principes que la Perfe ou l'Empire Romain; les objets de luxe qui augmentent l'induftrie, la population, & facilitent la circulation des efpèces dans une monarchie opulente, doivent être exclus dans une République pauvre, où les Citoyens font prefque tous égaux. Les Lois fomptuaires de Genève interdifent l'ufage des pierreries, des dorures, & même des voitures en Ville. Les Spectacles y font de même profcrits, & chacun connoîtra fans doute les fuperbes Lettres écrites par Mrs. *d'Alembert* & *Jean-Jacques Rouffeau*, vrai chef-d'œuvre dans leur genre. Les avantages & défavantages des Spectacles relativement aux mœurs y font repréfentés avec cette éloquence qui pénètre & qui perfuade.

Vous penfez bien qu'étant à Genève, je voulus rendre hommage à la demeure qui renferme l'*Apollon François*, où ce vieillard Philofophe termine fes jours dans le fein des Lettres, de la Philofophie & des Beaux-Arts, & où fon efprit toujours fertile malgré les glaces de l'âge, éclaire encore l'Europe avec le flambeau du génie

>Dont l'ame fugitive & prête à s'envoler
>Ne s'y renferme encor que pour nous éclairer.

Malgré l'averfion que témoignent les Lois de Genève contre les Spectacles, les Citoyens de cette Ville rendent le jufte hommage à l'Apollon qui illuftra la Scène Françoife par tant de chef-d'œuvres; tous les Magiftrats de Genève viennent annuellement en corps lui fouhaiter une heureufe nouvelle année. Je lui écrivis une Lettre, où j'inférai quelques-unes de mes Poéfies ainfi que les Vers ci-joints; & lui demandai la permiffion de voir *Ferney* & de porter au moins mon encens dans la retraite qu'il habite, fi l'état de fa fanté ne me permettoit point de le voir lui-même.

Vers à Monfieur de VOLTAIRE.

Quand la nuit difparoît, quand l'éclatante aurore
Chaffe les noirs foupçons d'un fonge injurieux,

Le bonheur des Mortels est imparfait encore
Tant que l'Astre du jour ne vient charmer leurs yeux.
   Tel est mon sort, ô Voltaire!
En vain de tes Ecrits les traits étincelans
Du flambeau du génie ont éclairé la terre
Et soulevé le voile étendu sur nos sens.
   Plus qu'*Icare*, téméraire,
Je veux envisager le Dieu de la Lumière,
Et dans son Temple même allumer mon Encens.

Réponse de M. de Voltaire.

Un Vieillard de 82 ans, très-malade, mais très-sensible à l'honneur que lui fait M. le Comte de H... & aux bons Vers qu'il lui envoie, lui présente ses très-humbles obéissances; il iroit lui-même à Genève remercier M. le Comte, si ses souffrances continuelles ne le retenoient dans son lit.

J'allai donc, le lendemain l'après-midi, à *Ferney*, trajet qu'on peut faire en moins d'une heure, surtout si le désir de voir la demeure du génie fait hâter la marche. Ce ne fut point sans enthousiasme que j'entrai dans le Château; j'y fus reçu par Mad. *Denis*, & le Père *Adam*: Le Philosophe étoit malade & alité: Après qu'on m'eut fait prendre un bon goûté, on me montra les Appartemens, la Bibliothèque, & mille choses précieuses dont les Souverains & grands de l'Europe lui avoient fait
ca-

cadeau; j'y vis entre autres le Portrait de l'Impératrice de Ruſſie, fait par elle-même en ouvrage ſemblable à celui de la *Savonnerie*. On me montra le Jardin, le Couvent des Capucins, & le Tombeau où ce grand Homme vouloit être renfermé après ſa mort, laiſſant ſes Ouvrages au monde pour le rendre immortel. Ce Couvent de Capucins, que *Voltaire* entretenoit, a donné lieu à la croyance parmi le vulgaire, que l'Auteur de la *Pucelle* & de *Candide* ne pouvoit s'armer contre les terreurs de la mort, & qu'à la moindre indiſpoſition toute la gent barbue devoit conſoler, & fortifier ſon ame, quoique la raiſon ſeule démontre qu'un eſprit tel que celui de *Voltaire* n'ira pas réſoudre ſes doutes par les argumens d'un Capucin; tandis que notre ſainte Religion peut ſe glorifier de tant d'Ordres de Moines inſtruits & ſavans, dans la bouche deſquels les vérités de la foi deviennent plus perſuaſives près d'un Philoſophe, que dans celle d'un Capucin, dont l'inſtitut ne favoriſe guère la ſcience. Je ſais de la bouche même de M. de *Tronchin*, que les Capucins nourris par *Voltaire* n'ont jamais nourri ſon ame. Ne pouvant me réſoudre à quitter *Ferney* ſans avoir au moins entrevu le Maître de ce ſéjour, j'obtins à force d'inſtances la permiſſion d'entrer dans ſa Cham-

K

bre; il étoit au lit, & la reſſemblance avec la ſtatue faite par M. *Pigalle*, me parut frappante. Il nous regarda fixement, mais ſans ouvrir la bouche; il avoit l'air très-ſouffrant & paroiſſoit même accablé de ſon mal. Le père *Adam* me fit remarquer pluſieurs Tableaux de prix, ſuſpendus dans ſa chambre. Enfin le doigt effilé du vieillard nous montra un Tableau près de ſon lit, comme pour y fixer notre attention; mais ſans que ſa bouche rompit le ſilence.

L'Apothéoſe de *Voltaire* & le Triomphe de la Philoſophie étoient repréſentés dans ce tableau, au deſſous duquel on voyoit l'Enfer qui ſervoit de gîte à tous les Perſécuteurs de ce grand homme; l'Archevêque de Paris y étoit repréſenté dans ſon habit pontifical tourmenté par deux diables. Le père *Adam* m'aſſura que ce Tableau, dont le pinceau eſt très-médiocre, faiſoit le plus de plaiſir à *Voltaire*; foibleſſe ſans doute, mais pardonnable à une ame ulcérée à force de perſécutions. Je quittai *Ferney* en regrettant que le génie ne rendoit point le corps immortel, & ne pouvoit même le garantir des infirmités de la vieilleſſe.

L'admiration pour le patriarche de la littérature s'accroît encore en voyant cette Colonie de *Ferney* qu'il a fondée, qu'il fait fleurir, & dont les Colons ſont heureux par les ſecours qu'ils en reçoivent, & par l'affranchissement dont ils lui sont redevables, de l'esclavage de la Régie & de la tyrannie des Commis. *Homère*, *Euripide*, *Virgile*, ont fait de beaux Poëmes ; mais aucun d'eux n'a bâti de Ville, ni formé une Colonie florissante ; il étoit réservé à l'Apollon de notre siècle de réunir tous les genres de Littérature & de Sciences, d'éclairer les Hommes par ses Ouvrages, & de secourir les malheureux par sa main bienfaisante.

Quoique les campagnes fussent encore en partie couvertes de neige, je voulus voir quelques environs de Génève, & surtout ces Rochers de *Meillerie* que *Rousseau* a immortalisés dans sa *nouvelle Héloïse* ; je brûlois de découvrir cet asyle où *St. Preux*, malgré les rigueurs de l'hiver, passoit ses jours à contempler dans le lointain l'Habitation de sa *Julie*. Nous nous mimes en route à cheval, précédés d'un guide, & suivis d'un seul domestique. *Dovaine* est le premier endroit où un Voyageur trouve au moins un gîte pour se reposer, & quoique ce gîte soit extrêmement mal-propre & mauvais, j'y passai quelques heures, étant d'ailleurs habitué aux misérables auberges qu'on rencontre dans ma patrie. Nous continuames notre route par des sentiers qui souvent nous menoient sur les lisières de ce bois, dont plusieurs montagnes étoient couvertes, & me faisoient craindre que notre guide ne nous égarat; nous traversames aussi plusieurs Bourgs & Hameaux où je ne trouvai rien d'intéressant, sinon que je jugeai que le pays devoit être beau & fertile; mais la neige qui couvroit encore une partie des champs me privoit souvent de la vue d'une verdure riante. Avant d'arriver à *Thonon*, on est surpris dans le lointain par le mugissement d'un fleuve, ou torrent qui se précipite du haut des Monts avec un bruit affreux, & qui s'agrandissant dans son lit, présente un large abyme au Voyageur: On enfile alors un sentier à droite qui me parut fort périlleux; je descendis de cheval, un mauvais pont nous fit franchir l'obstacle que ce torrent avoit mis à notre route, & nous arrivames à *Thonon*, Ville assez grande, située dans le centre d'un golfe sur une hauteur qui domine le lac; c'est de ce coteau qu'on découvre la plus grande largeur du lac, qui est de trois grandes lieues. C'est dans une Promenade hors de cette Ville, qui forme une large plate-forme couverte d'arbres & de vignobles, qu'on jouit d'une vue superbe. Le lac de *Genève* s'y présente en face dans toute sa beauté, & l'on découvre dans le lointain la côte enchantée de la *Suisse*, c'est là que l'imagination embellit encore les objets quand on se représente un Peuple vertueux, heureux & libre ; c'est là qu'on relit les Alpes de M. *de Haller* & où l'enthousiasme se joint à une sensation douce & tranquille. *Thonon* renferme plusieurs Eglises & Couvens. Nous allames de *Thonon* à *Ripaille*, monastère de Chartreux, où nous fumes reçus avec beaucoup d'hospitalité. Ce Monastère est d'un goût gothique & sera bientôt remplacé par un beau Couvent que ces Pères y font bâtir. Le Parc de *Ripaille* forme une promenade délicieuse ; ce parc est dans le genre Anglois, & doit offrir dans la belle saison les points de vues les plus enchanteurs ; on y trouve des bosquets, des Allées formées des plus hauts arbres, qui sans observer un plan symétrique, frappent & enchantent la vue ; on y voit des Enclos, des Prairies ; plusieurs Allées aboutissent au lac ; d'autres sont comme fermées par les hautes montagnes qu'elles offrent en point de vue. Ce Parc est terminé par la rivière de *Durance*, qu'on passe sur un pont de Pierre. Après avoir passé la *Durance*, on voyage jusqu'à *Eviaue* par une route bien pratiquée & des plus remarquables ; d'un côté le chemin étoit surmonté par des hauteurs qui s'élévoient jusqu'aux nues, & où les arbres les plus touffus qui s'entrelaçoient mutuellement, sembloient suspendus sur

K iij

ma tête; de l'autre côté, c'eſt-à-dire au deſſous, s'offroient pareillement de vaſtes forêts; & dans la profondeur on découvroit le lac qui bordoit la vue. Quelquefois après avoir traverſé des ſentiers dans des taillis étroits, & être monté plus conſidérablement encore, mon œil étoit ſoudainement frappé en voyant au deſſous de moi l'immenſe profondeur du lac, où les rayons du ſoleil qui y réfléchiſſoient, formoient le point d'optique le plus extraordinaire. *Evian* eſt une Villette aſſez mal bâtie. Un Bain qui ſe trouve à une demi-lieue de diſtance, rend *Evian* & le village d'*Amphion* fort connus. Les Dames Genevoiſes vont fréquemment prendre ces bains; peut-être plus par rapport à l'agréable ſituation près du lac, & le ton d'aiſance qui règne dans tous les bains, que par rapport à la ſanté même; quoique les habitans d'*Evian* m'aſſurèrent que ces eaux étoient très-ſalutaires pour les obſtructions, & maladies nerveuſes. Après nous être arrêtés quelques heures à *Evian*, nous nous embarquames ſur le lac, & côtoyames juſque vers *Meillerie*; ce trajet offre encore les points de vues les plus variés & les plus enchanteurs; là des forêts touffues, ici de clairs bocages où perçoit déjà le vert du gazon, d'antiques châteaux, des ruines, la cime des monts couverte d'une neige que jamais la chaleur du foleil n'a pu détruire & qui femble y être attachée depuis l'origine des temps, les monts hériffés des Alpes; ces immenfes rochers qui paroiffent fe détacher des montagnes & font comme fufpendus dans les airs; des tours élevées qui dominent encore ces rocs, &c. Nous navigions lentement, & ma vue enchantée fe tranfportoit d'un objet à l'autre, admirant le vafte & fuperbe tableau de la nature. La *Tour ronde*, le Château de *Blonai*, & de *St. Paul* s'offroient fucceffivement à mes regards; arrivé vers *Meillerie*, on paffe par le milieu du lac pour gagner *Vevai*; là de nouveaux objets frappent encore l'ame étonnée; les rians coteaux difparoiffent, les montagnes fe refferrent & deviennent plus formidables. *Meillerie* eft comme dans un gouffre; au deffous eft le lac qui femble miner fes maifons; & d'immenfes rochers fufpendus au deffus menacent de l'enfevelir. On s'avance enfuite dans le lac, & à mefure qu'on s'éloigne des coteaux, & des montagnes, la vue eft encore récréée; en fe tournant vers l'immenfité de ce lac, on eft charmé de la beauté de fes ondes, & de la perfpective qui s'offre dans le lointain. Plus on avance, & plus la vue fe dégage; on apperçoit enfin fept Villes, & plufieurs Bourgs & Châteaux, qui s'élèvent jufque dans la hauteur des monts ; & couronnent le plus charmant des tableaux. *Vevai* est une petite Ville ; sa situation me paroît dangereuse ; un torrent nommé la *Vevaise*, qui descend de la hauteur des monts jusque dans la ville, & dont elle n'est point assez garantie, pourroit bien la détruire un jour ; un pont avec une haute arcade s'élève au-dessus de ce torrent. Je ne vis rien de remarquable à *Vevai*, excepté l'Hôtel-de-Ville d'une forme assez élégante, & quelques belles Maisons ; les environs de *Vevai* sont encore singuliers, le lit blanchâtre de la *Vevaise* frappe & surprend, surtout quand l'œil s'enfonce au loin dans la fente profonde des rocs où ses eaux dégorgent. De *Vevai* je dus franchir quelques torrens nommés les *Bayes* ; ces torrens roulent avec grand fracas du haut des montagnes après les orages, charient des rochers entiers, & engloutissent les Voyageurs qui ont le malheur de faire le trajet dans ces momens. Après avoir franchi les Bayes, je me trouvai bientôt dans ces contrées que *St. Preux* a immortalisées avec sa *Julie d'Etange*, & que mon imagination échauffée & romanesque brûloit de parcourir. Mais je cherchai en vain un Château à *Clarens*, je n'y vis que quelques Cabanes couvertes de chaume, & un roc suspendu au dessus du village ; plus loin de là on voit *Mon-*

tru, grand Bourg situé sur une colline, & dont les maisons, qui semblent suspendues en l'air, offrent un coup d'œil fort intéressant. Le roc de *Meillerie* est en face de *Clarens* ainsi que *St. Preux* le décrit. A quelque distance de *Clarens*, les montagnes se resserrent de plus en plus, & le lac qui s'approche jusque sous les rocs, & les mine insensiblement, rend aussi le chemin plus étroit & difficile. On a construit en cet endroit un Portique de pierre ; là se voit le Château de *Chillon*, objet intéressant pour tous ces cœurs sensibles qui se sont attendris à la lecture de la *nouvelle Héloïse* ; l'œil qui le contemple laisse couler les douces larmes du souvenir en honneur de la malheureuse fin de *Julie d'Etange*. Ce Château est situé sur un rocher & entouré du lac, à une grande profondeur ; son étendue est fort vaste, & forme trois cours & quelques galeries. La plus haute Tour est de plus de cent pieds au dessus du lac ; on y monte par des Echelles, & l'on découvre du haut la perspective la plus singulière, & les objets les plus frappans. Quant au roc de *Meillerie*, dont je n'étois plus qu'à très-peu de distance, je perdis la résolution d'y monter, le chemin m'en paroissant presqu'impraticable & tout couvert de neige : D'ailleurs je n'avois point de *Julie* à *Clarens* pour risquer une montée si pénible & dangereuse. Il me restoit sans doute un autre trajet beaucoup plus intéressant à faire, qui eut été de passer par *St. Maurice*, de traverser une partie du *Valais*, & de voir enfin ces fameuses glacières ou montagnes de glaces entre la Suisse & la Savoie, objets surement les plus curieux qu'un naturaliste puisse remarquer dans ses voyages : mais j'avoue à ma honte, qu'outre que j'étois pressé d'arriver à *Milan*, j'étois si fatigué de la route & si gelé du froid que j'avois essuyé en traversant les montagnes, que la crainte d'une plus longue & plus grande fatigue l'emporta sur la plus vive curiosité; ainsi après avoir encore tourné un regard d'admiration & de regrets vers ces sites pittoresques, ces objets si variés, & ces peuples simples & paisibles que je venois d'entrevoir, je retournai à Genève par la même route que j'avois prise à mon départ; j'y arrivai avant-hier sans aucun accident, & la tête remplie des vastes merveilles de la nature que j'avois pu contempler. Peut-être trouverez-vous que j'ai donné trop d'étendue à la description de cette petite tournée: mais outre que peu de Voyageurs l'ont entreprise, mon imagination est vivement frappée, & sans doute que mon admiration pour la nouvelle Héloïse a servi à me rendre plus enthousiaste encore. Adieu.

De Milan.

LETTRE XV.

JE repartis de Genève fort content d'avoir pris cette route pour venir en Italie, malgré les inconvéniens dont le paffage de la Savoie, & celui du *mont Cenis* menacent un Voyageur. J'éprouvai bientôt tous ces inconvéniens. A peine eft-on entré en Savoie, que le froid paroît plus vif. Toutes les campagnes y étoient couvertes de neige, quoique près de Genève la mi-Février eut déjà diffipé en partie la rude empreinte de l'hiver. Les Habitans mêmes portent les marques d'un climat auffi rude; ils ont la pâleur des fpectres, & portent de grandes guêtres qui les rendent monftrueux. La rivière d'*Arve* fépare le territoire de Genève d'avec la Savoie. A une lieue du pont de *Beauvoifin* fe trouve la montagne des *Echelles*; c'eft fans doute de cette montagne que les Titans jadis vouloient efcalader le ciel. Quel pays que cette Savoie! Des montagnes affreufes & arides, des habitans pauvres & pareffeux, des auberges d'une mal-propreté révoltante, des fenêtres de papier au lieu de vitres, & un froid exceffif. *Chambery*, Capitale de la Savoie, eft une petite

Ville, peuplée de sept à huit mille habitans; elle n'offre rien d'intéressant, ni d'attrayant à l'Etranger; on y trouve de la Noblesse, mais peu opulente. Le Roi de Sardaigne y ayant passé quelques jours, & y étant regalé par plusieurs Gentilshommes, en témoigna son contentement à un de ses Courtisans, né dans cette Province, qui lui répondit: *Sire, ils font ce qu'ils doivent, mais ils doivent ce qu'ils font*. De *Chambery* on passe à *Montmélian*, endroit qui n'est renommé que par son bon vin; on y voit une Citadelle qui paroît assez forte par sa situation. J'employai trois jours pour passer cette partie des Alpes, de *Montmélian* jusqu'au mont *Cenis*. Ce fut *Charles-Emmanuël*, Duc de Savoie, qui, l'an 1670, fit construire des chemins presqu'incroyables à travers ces rochers; on y tourne comme sur une espèce de galerie suspendue en l'air. J'éprouvai la rigueur du froid le plus terrible dans ces montagnes, toutes de neige. La nature brute & informe y montre cependant de grandes beautés; des montagnes qui laissent les nues au dessous d'elles; des torrens d'eau qui descendent avec fureur de la cime de ces montagnes, & qui forment des mugissemens étonnans. Des cascades que l'art voudroit en vain imiter; des fleuves entiers qui semblent pour ainsi dire suspendus en l'air: Je me vis tantôt élevé jufqu'aux cimes de ces montagnes, pour redefcendre jufque dans l'abyme. Quoique les chemins foient toutes chauffées & qu'ils foient dans toute leur longueur garnis de garde-foux qui femblent garantir du danger, j'en trouvai cependant beaucoup; puifque les précipices font d'une hauteur, & d'une profondeur dont la vue feule fait frémir; qu'ils durent pendant deux jours de chemin prefque fans difcontinuer; que le chemin étant tout glacé, la voiture gliffoit prodigieufement, & que les gardes-foux d'un vieux bois pourri n'auroient pas été affez forts pour la foutenir. A *Modane*, à quatre lieues du mont *Cenis*, la neige fe trouva fi profonde, qu'on fut obligé de décharger ma voiture, & nous nous mimes fur des traîneaux tirés par des mulets. J'arrivai ainfi à *Lanecourt*, au pied du *Mont Cenis*; c'eft là que toute voiture doit être démontée pièce par pièce pour paffer la Montagne à dos de mulets. Roues, caiffe, brancard, tout fut défait & mis féparément fur des mulets; quant à moi, je me fis porter par quatre hommes fur une efpèce de chaife, ou de brancard, conftruit de quelques planches & tout en but aux injures de l'air. Mon ami en dut avoir fix, & encore fe plaignirent-ils de ne pas ofer lui en donner davantage. La paie, le nombre des porteurs, celle des mulets, & la dislocation de la voiture, est fixée ; un Commissaire préside à tout, & l'Etranger n'y est aucunement trompé ni molesté. On emploie deux à trois heures pour monter la montagne, au haut de laquelle se trouve une plaine de deux lieues d'étendue ; on la dit très-agréable en Eté : on y voit de même un lac où l'on pêche d'excellentes truites. Une espèce d'auberge se trouve aussi dans cet endroit ; on s'y arrête pour se rechauffer, & pour faire boire les porteurs. Ils me quittèrent au haut de la montagne ; on me mit alors sur un traîneau tiré par un mulet pour traverser la plaine jusqu'à l'endroit de la descente de l'autre côté de la montagne. Cette descente, qu'on nomme *Ramasse*, se fait sur un petit traîneau guidé par un seul homme pareillement assis sur un traîneau qu'il dirige & roule de lui-même avec pieds & mains jusqu'au bas de la montagne. Le chemin est un zig-zag continuel par des précipices terribles, aux fonds desquels je me croyois à tout moment. Ce traîneau qui glisse dans tous ces tournans, se trouve quelquefois à moitié en l'air au-dessus d'un précipice ; le guide alors, d'un seul coup de pied ou de main le remet dans sa juste direction ; ces guides sont extrêmement habiles, moyennant quoi il n'y a rien à craindre pour la *Ramasse*. On descend ordinairement en dix à douze minutes ce qu'on a employé deux heures à monter; l'haleine est souvent coupée par la vîtesse du trajet. Cette descente est fort curieuse & amusante. Des Anglois se sont donné la peine de remonter la montagne pour avoir encore le plaisir de la descendre. La *Novalaise*, premier Bourg du *Piémont*, est au pied de l'autre côté de la montagne; j'y arrivai bien gelé, mais sans accident. Ma voiture fut plus malheureuse; les mulets qui portoient la caisse tombèrent, & elle fut entièrement fracassée. A la *Novalaise* on remonte la voiture; le chemin alors jusqu'à *Turin* est des meilleurs; on passe par la *Brunette*, place forte, regardée comme imprenable. On arrive à *Turin* par une belle avenue plantée d'arbres jusqu'aux portes de la Ville. La Ville appelée le nouveau *Turin*, est belle; ses rues sont tirées au cordeau, & on y voit plusieurs beaux Edifices. L'intérieur du Palais est superbement orné, & il s'y trouve des Tableaux des plus grands maîtres, surtout de l'Ecole Flamande. La Salle de l'Opéra, difforme pour l'extérieur, est superbe en dedans. Cinq rangs de Loges & un vaste Parterre y donnent place, pour plusieurs milliers de spectateurs. On trouve dans l'Université une Table *Isiaque* de la plus haute antiquité, où l'on voit la Déesse *Isis*

& ſes Myſtères, les Saiſons & les Semailles. La Bibliothèque offre auſſi pluſieurs Manuſcrits très-rares. C'eſt dans la Chapelle de la Cathédrale que ſe garde le *St. Suaire*, ſur lequel on voit empreint le viſage de *Jeſus-Chriſt*; on célèbre la Poſſeſſion de cette Relique par une grande Fête annuelle. Comme je ne reſtai que ſix jours à Turin, je n'eus point le temps de voir les Châteaux de Plaiſance du Roi; je ne fus pas non plus préſenté à la Cour, & ne vis d'autre ſociété que chez la Princeſſe de Carignan, qui offre une Maiſon & une Société bien agréables.

J'employai deux fois vingt-quatre heures pour faire la route de *Turin à Milan*; la fonte des neiges avoit gâté les chemins. Ce n'eſt plus aux Poſtillons Anglois que j'ai à faire; ceux d'Italie me paroiſſent auſſi mal-adroits & intéreſſés que ceux d'Angleterre ſont honnêtes & habiles; à chaque poſte, des fainéans ſe préſentent par douzaine, dont quelques-uns menant les chevaux hors de l'écurie, d'autres arroſant les roues du carroſſe, d'autres enfin vous ouvrant la Portière, vous demandent tous la *bona Mancia*, ou la pièce à boire. Ce n'eſt qu'à force d'argent, ou d'imprécation & de menaces, qu'on peut ſe délivrer de cette canaille. On arrive à *Milan* par un beau chemin large, bordé

d'ard'arbres, & par le pays le plus fertile. Je suis logé dans une très-bonne Auberge à l'enseigne des *trois Rois*; & grâce au long carnaval de cette année, j'en jouirai encore ces huit derniers jours à Milan. Je ne vous écrirai que quand j'aurai pris quelque notion de la belle Ville que j'habite.   Adieu.

De Milan.

LETTRE XVI.

Cet Observateur Asiatique, qui écrivoit à son ami *que les Européens perdoient la raison durant un certain temps de l'année, & la recouvroient moyennant de la cendre que leurs Prêtres leur imprimoient sur le front*, n'eut certainement pas renoncé à son jugement s'il eut tâté du Carnaval de Milan. Ce Carnaval est d'une gaieté qui paroîtroit folie à tout homme non instruit des mœurs de cette partie du globe nommée Europe, où le raffinement du luxe, & la satiété des plaisirs, demandent des amusemens bruyans pour émouvoir des organes, devenus presque insensibles à force de jouissances. Des veilles & mascarades continuelles, un superbe Opéra, des Danses, Redoutes & Jeux d'hasard, voilà de quoi tuer bien vîte cette durée du temps dont on se plaint si fort. Mais quittons le jugement austère d'un *Caton*, & que je vous avoue en jeune homme que j'ai passé trois semaines à *Milan* le plus agréablement du monde, & que surtout les derniers jours du Carnaval m'y ont paru d'une folie délicieuse. La Noblesse est très-prévenante envers l'Etranger;

il y règne un ton agréable qui se rapproche plus du ton françois que de l'italien. La Maison du Marquis *de Litta* se distingue surtout par la magnificence & le ton d'aisance qui y règne, & les Personnes les plus aimables qui s'y rassemblent, parmi lesquelles la Marquise elle-même, & ses charmantes Filles, doivent sûrement occuper le premier rang, & contribuent le plus aux agrémens de la société. On trouve aussi dans la Maison de la Princesse *Melci* ce ton aisé & cette honnêteté qui forme la réunion du beau monde.

L'Archiduc *Ferdinand*, Gouverneur du Milanois, & l'Archiduchesse *Béatrix* son Epouse, offrent l'accueil le plus gracieux & les fêtes les plus agréables à tout Etranger qui jouit de l'honneur de leur être présenté. Je fus de trois Bals masqués à la Cour; l'élégance & la variété des Masques, & la beauté des Danses dont M. *Novaire* étoit le Directeur, rendoient ces bals délicieux. Quant au Comte de *Firmian*, notre Ministre, ou Vice-Gouverneur du Milanois, auquel j'étois particulièrement recommandé, ma plume ne tariroit point sur ses éloges, si elle pouvoit dignement exprimer la juste admiration qu'il m'inspire. Son nom connu dans toute l'Europe, est cher aux Gens de Lettres, & à l'humanité; la vaste étendue de fon génie ne peut être comparée qu'avec la bonté de fon cœur; ces qualités réunies forment en lui cet homme par-tout révéré & par-tout chéri, cet homme l'un des meilleurs & des plus favans de fon fiècle. Sa Bibliothèque eſt immenfe & offre les Manufcrits les plus rares. Ses livres font fes feules maîtreffes; c'eſt dans le fein des lettres & des beaux-arts qu'il fe délaffe des pénibles travaux de fa charge; de cette charge dont l'œil inquiet de la jaloufie & les traits empoifonnés de la pâle envie lui rendent l'adminiſtration plus épineufe encore. Tout en foignant les intérêts de fon maître, ce digne Miniſtre a négligé les fiens propres; la main bienfaifante de l'augufte *Marie-Thérèfe* a déjà deux fois payé les dettes que fon Miniſtre contraƈta par la trop grande bonté de fon cœur, & le trop de confiance qu'il a pour les gens de fa maifon, qui le pillent impunément, & même d'une façon fcandaleufe; fa Table entre autres, qui eſt toujours compofée de quinze à vingt perfonnes, eſt deffervie par fon Maître d'Hôtel, auquel il donne une groffe fomme annuellement pour les frais de cette table. Ce Maître d'Hôtel intéreffé, qui connoît trop bien que le Miniſtre a plus de foin de la nourriture de l'efprit que du corps, rend cette table femblable à celle de *Sancho Pança*, d'où le cruel Médecin *Petro Rezio* enlevoit les plats dès qu'ils paroiſſoient ſur la table ; ici le cruel Maître d'Hôtel ne garnit la table de bons plats que pour les enlever auſſi-tôt qu'ils paroiſſent, & les revendre à quelques Traiteurs ſans que les Convives puiſſent en goûter, de ſorte qu'au milieu d'une cinquantaine de mets, on court riſque de mourir de faim, ſi en ſe ſaiſiſſant du plat, on ne devance le Maître d'Hôtel en vîteſſe. Le Carnaval, qui ſe prolonge à *Milan* juſqu'au Dimanche après le Mercredi des Cendres, y attire nombre d'Etrangers de toutes ces Villes de l'Italie qui enterrent leurs plaiſirs quatre jours plutôt. On paſſe les derniers jours en maſque à *Milan* ; nombre de Voitures ſe raſſemblent ſur la grande Place, nommée *le Cours* ; Cochers, Palefreniers, juſqu'aux chevaux, y ſont maſqués, ainſi que les Perſonnes dans la voiture ; ces Perſonnes ſe livrent une eſpèce de guerre d'un carroſſe à l'autre, en ſe jetant des dragées de ſucre à la tête ; ces dragées ſont aſſez groſſes pour caſſer les glaces des carroſſes, ſi on vouloit s'en ſervir de bouclier ; on en régale auſſi les premiers étages des Maiſons où cette artillerie peut atteindre ; toute la Place eſt couverte en blanc comme s'il y étoit tombé de la neige. M. *Novaire* après avoir réuſſi à repréſenter *Achilles* en entrechats & à faire imprimer une differtation raifonnée fur le plaifir de voir fautiller un Héros pendant trois actes, ne fut point auffi goûté à *Milan* qu'ailleurs; il y courut même le rifque de voir fes *Horaces* fifflés ; non pas que l'on ne rendit juftice aux rares talens de ce *Pilade* * moderne; mais c'eft que, moins tendre que *Pigmalion*, il ne fut point animer la Statue de la belle *Rici*, fa première Danfeufe; il s'attira même par fes manières brufques la haine de cette fuperbe automate, qui profitant de la fupériorité que donnent deux beaux yeux fur les meilleurs raifonnemens du monde, attira tout le Public dans fon parti, & rendit à M. *Novaire* le féjour de *Milan* fort défagréable. On peut dire que le Carnaval a fini ici comme ces fonges dans une tragédie qu'un coup de tonnerre termine brufquement. La dernière nuit du Carnaval, le feu prit au grand Théâtre ; & cet objet de nos plaifirs fut réduit en moins de deux heures en un tas de cendres, ainfi les Prêtres en eurent fuffifamment pour nous imprimer au front l'empreinte de la raifon & effacer toutes les folies du Carnaval. Plufieurs prétendent que le feu

---

* Ce fut un certain *Pilade*, né en Cilicie, qui fous le règne d'Augufte, imagina le premier à repréfenter par la danfe des actions fortes & pathétiques.

y a été mis à deffein, & le Peuple s'imagine que c'étoit une punition du Ciel, vu que les Entrepreneurs du Théâtre n'avoient point mené une vie d'Anachorète : Je croirois plutôt le premier fuppofé ; car quoiqu'en récitant les Pfeaumes de la Pénitence, on s'écrie : *Si iniquitates obfervaveris, Domine, Domine quis fuftinebit!* s'il en étoit ainfi, combien de Palais & de Châteaux ne feroient point réduits en cendres ? Mais à quoi bon, pour rendre raifon d'accidens défaftreux, recourir ou à la méchanceté des hommes, ou à des caufes furnaturelles, lorfque le manque de précautions ou d'autres caufes ordinaires fuffifent ? Adieu.

De Milan.

LETTRE XVII.

Milan est situé dans une belle plaine. Deux canaux navigables, l'un tiré de l'*Adda*, l'autre du *Tesino*, fournissent de l'eau à cette ville. Milan est communément appelée la grande, nom qui lui convient à juste titre. Ses rues ne sont ni alignées, ni belles, mais on y trouve plusieurs superbes Palais. L'Eglise Métropolitaine, qu'on commença à construire il y a déjà quatre siècles, & dont le plan est en forme gothique, est un édifice vraiment admirable; on y voit plus de quatre cents Statues, toutes en beau marbre, & dont plusieurs seroient dignes de *Praxitèle*. C'est dommage que ce superbe édifice ne sera jamais achevé; car un Duc de Milan ayant laissé deux cent mille francs de revenus pour le finir, les Chanoines trouvent plus d'avantage à jouir du revenu, qui retourneroit à la famille du Donateur, si le plan étoit terminé. Dans la Chapelle souterraine, qui est toute garnie de lames de vermeil, est déposé le Corps de *St. Charles Borromée*: Ce fut ce Saint qui fonda le grand Hôpital, dans lequel 4000 malades & ouvriers sont entretenus; le Collége

Helvétique; le Séminaire; & le Lazaret, bâtiment immense au dehors de la Ville. On me fit voir à Milan le Caveau de la prétendue Ste. *Guillelmine*; c'étoit une veuve d'une piété exemplaire, passant ses jours entre la prière & les bonnes œuvres; elle se retiroit souvent dans ce caveau pour vaquer plus librement aux exercices de sa religion; elle y forma une espèce de Confrérie où plusieurs jeunes Personnes des deux sexes étoient admises, & venoient prier quelques fois la semaine pendant la nuit dans ce caveau, après avoir été initiées par elle dans tous les mystères de cette assemblée dévote : On n'y venoit que tout le corps couvert d'un voile, & la grotte restoit fermée tout le temps; les initiés seuls osoient y pénétrer. La Sainte mourut, & ses Disciples obtinrent la permission de l'enterrer dans la même Grotte où elle avoit tenu sa pieuse assemblée, & de venir honorer ses cendres par leurs prières. On alloit lui bâtir une Chapelle au dessus de la Grotte, quand l'aventure suivante mit fin à la dévotion du public. Un jeune homme de Milan ayant épousé une des initiées, fut fâché de voir sa couche déserte pendant quelques jours de la semaine, & sa dévote Epouse aller passer une partie de la nuit dans le caveau; il demanda à être initié aussi, & fut refusé; alors piqué d'une curiosité mêlée d'inquiétude, il se pourvut en secret d'un voile semblable à celui dont se revêtissoit sa femme; il s'en affubla, & se cacha près de la Grotte, où ayant pris attention aux signes que faisoient les initiés pour se faire ouvrir la porte, il s'en servit si heureusement qu'il entra dans la grotte, où s'étant tapis dans un recoin, il vit plusieurs personnes des deux sexes qui s'abandonnoient à toutes débauches possibles, & vit sa Femme passer successivement dans les bras de plusieurs jeunes gens. Il eut assez de modération pour quitter la grotte sans faire le moindre bruit, & pour dissimuler envers sa pieuse moitié; mais à la première assemblée qui se tint derechef dans cette grotte, il alla avertir la Justice de tout ce qui s'y passoit; celle-ci l'ayant fait investir, se saisit de tous ces Hypocrites, & fit déterrer la prétendue *Ste. Guillelmine*, dont le corps fut brûlé par le bourreau.

Et puis allez, dans vos cérémonies,
De tous les Saints chanter les Litanies.
La Pucelle.

La *Bibliothèque Ambrosienne* est fort vaste & riche en Manuscrits; le plus curieux est de *Léonard Vinci*, qui traite de l'antiquité des

Arts. La Bibliothèque du Comte *de Firmian*, qui mérite d'être mise au rang des Bibliothèques publiques, est des plus complettes & bien choisie. On voit encore chez ce Ministre, amateur & protecteur des beaux-arts, un Cabinet de Tableaux des plus fameux Peintres. Il y a dans l'Université de Milan seize Docteurs qui professent gratuitement les Sciences & les Arts. Une Académie de Dessein y a aussi pris naissance ; les progrès qu'elle a déjà faits, annoncent ceux qu'elle fera dans la suite, & j'ai toujours grand plaisir, quand je vois cultiver un art aussi utile qu'agréable. Il y a à Milan une fabrique de Fayence d'une perfection surprenante qui imite beaucoup la Porcelaine. On y trouve aussi des Fabriques d'Etoffes, principalement pour meubles, lesquelles, quoiqu'assez belles, ne peuvent cependant point entrer en concurrence avec les Françoises. Comme la *Lombardie* abonde en soie, le plus qu'elle pourra en travailler & perfectionner dans ses fabriques sans la vendre crue, & d'autant plus grand sera son avantage, surtout si ses ouvrages étoient portés à ce point de perfection qui les fit rechercher & préférer aux Etoffes Françoises.

La *Lombardie* est un pays favorisé de la nature par la fertilité & la bonté du climat : Les Productions de la Terre se reproduisent tous les ans fans qu'on foit obligé de laisser des champs en friche. Les Vignobles, croissant dans les sillons des champs, ne prennent aucune place à l'Agriculture, & les Vins n'en sont pas moins bons. On voit beaucoup de Vignes s'attacher aux arbres, chose que je n'ai vu pratiquer ni dans la Champagne ni dans la Bourgogne. La culture du Riz forme encore une grande branche du commerce; comme l'eau est l'élément le plus nécessaire pour les Rizières, l'industrie y a pourvu admirablement. De ces grands canaux dont abonde la *Lombardie*, & qui servent pour le transport des marchandises, se retire encore l'eau nécessaire pour la culture du Riz; moyennant des saignées faites avec art à ces canaux, on inonde, & on sèche les champs quand on le juge à propos; il est à regretter que la culture d'une production si saine & si profitable, soit aussi pernicieuse à ceux qui la cultivent; la plupart deviennent hydropiques, & n'atteignent point un âge avancé. Ces mêmes distributions des canaux sont de la plus grande utilité pour les prairies, & y portent à un tel point l'abondance qu'on fait jusqu'à quatre récoltes de foin par an, principalement dans le Lodesan; de là cette quantité de nourriture pour les bestiaux, & le moyen d'en entretenir un grand nombre, branche de commerce des plus vaftes, tant pour les beftiaux mêmes que pour le laitage, qui fournit ces différentes fortes de fromages fi renommés, & d'un fi grand commerce, principalement celui de *Lody*, abufivement nommé *Parmefan*, dont de grands envois fe font jufqu'en Amérique. *Milan* étant bien fitué pour fervir d'entrepôt à la France, à la Suiffe, & à l'Italie, fa fituation forme encore une branche de commerce pour les voiturages & exportation.

Quoique mon deffein fut de ne refter que quatre femaines à *Milan*, je m'y trouve déjà depuis trois mois. Le Comte *Firmian*, qui me témoigne une affection vraiment paternelle, ne veut point m'en laiffer partir encore.

Je profitai de mon plus long féjour pour voir les Iles *Borromées* fur le lac Majeur. En confidérant ces iles on croit voir les Sites enchantés de l'*Ariofte* & du *Taffe*; elles font fituées au fond d'un golfe, formé par le lac Majeur. La plus grande des trois eft couverte de Jardins en Terraffes; les Orangers, les Citronniers, & les Myrtes en forment les paliffades. Le Bâtiment près du Jardin eft vafte & l'intérieur en eft décoré d'Ornemens précieux; la vue eft des plus délicieufes : d'un côté on découvre les Alpes, qui femblent fe divifer en trois parties,

& forment trois rangs de montagnes, dont chacun offre un afpect différent : Le premier rang eſt cultivé, le fecond couvert de bois, & le troifième forme des montagnes de neige & de glaces. Du côté oppofé la vue eſt récréée par la charmante perfpective d'un efpace immenſe planté de Vignes, & parfemé de Villes, Bourgs & Villages. La vue du lac même eſt fuperbe par la beauté de fes ondes femblables au criſtal, & par la quantité de barques à voiles dont il eſt couvert. Je finis ma Lettre en vous copiant des Vers que je donnai fous le mafque au Comte de *Firmian*, & par lefquels j'ai cherché à lui dépeindre l'admiration qu'il m'infpire. Adieu.

Vers donnés fous le mafque au Comte DE *Firmian*.

Au niveau de Mécène & moins ambitieux,
Tes foins font auffi grands, ton cœur plus vertueux,
Touchant également de ta main bienfaifante
Les Lauriers d'Apollon & la Pourpre éclatante,
Les Beaux-Arts renaiffans fe forment fous tes lois,
Et la mâle vertu fe ranime à ta voix.
Quand ton cœur généreux protège l'innocence,
Ton efprit créateur fait fleurir la fcience :
Tu fais honneur à l'Homme, & dans tous les Pays,
Tes Traits, connus par-tout, feront par-tout chéris.
Ne recherche donc plus la raifon qui m'engage,
Ni quelle eſt la contrée, où naquit mon hommage,
Mais fonge que des Dieux les Décrets immortels
Ont par-tout aux Vertus accordé des Autels:

De Florence.

LETTRE XVIII.

JE quittai Milan, non sans regret de me séparer d'une Noblesse aussi aimable que prévenante, de m'éloigner d'une Ville que des Gens de Lettres tels que le Marquis *Beccaria*, & le Père *Frisi*, célèbre Mathématicien, illustrent encore; & surtout de m'éloigner d'un Ministre que son affection pour moi portoit à me voir placé dans le Gouvernement Milanois même, & dont les vertus offrent le plus bel exemple à tout jeune homme assez heureux pour vivre près de lui. Je m'arrêtai deux jours à *Pavie;* on me montra dans la Cathédrale la Lance du fameux *Roland*, qui est d'une grandeur si démesurée, qu'il falloit un *Roland* pour s'en servir. La Chartreuse de *Pavie* peut passer pour la plus belle & la plus riche qui existe. L'Université s'y glorifie du fameux père *Boscowich*, qui a donné tant d'excellens Ouvrages d'Astronomie, de Géométrie & de Physique.

Le chemin jusqu'à *Plaisance* est orné d'allées d'arbres, surtout de mûriers, qui rendent la route très-agréable. *Plaisance*, à cinq postes de *Milan*, est bien nommée par sa situation;

elle est des plus riantes. Le *Pô*, qui est très-petit à *Turin*, est fort considérable à *Plaisance*; je le trouvai d'autant plus respectable, que je manquai de m'y noyer. La Coupole de la Cathédrale de Plaisance, peinte à fresque par *Guercino*, mérite d'être considérée. On trouve sur la grande Place les Statues équestres d'*Alexandre Farnèse* & de son fils, lesquelles sont de la plus grande beauté. Il est curieux d'aller voir à quelques lieues de *Plaisance* les Ruines de *Velleia*, Ville qui fut écrasée, à ce que plusieurs croient, par l'écroulement d'un rocher de l'*Apennin*, d'autres supposent qu'elle fut engloutie par l'explosion d'un volcan, & l'on est confirmé dans cette croyance, en considérant les deux fontaines qu'on voit encore dans cet endroit, dont l'une bouillonne sans être chaude, & l'autre s'enflamme à la surface à l'approche d'un flambeau allumé. On a trouvé dans des fouilles, des monumens postérieurs à *Constantin*, de sorte que le temps de sa destruction ne doit point être aussi reculé; on y a déterré aussi des vestiges de Maisons, de Pavés en mosaïque, & un Autel consacré à *Auguste*. Je m'arrêtai quatre jours à *Parme*, où j'eus l'honneur de faire ma cour à l'Infante notre Archiduchesse, & de l'accompagner à la chasse; l'Infant étoit à *Colorno*, belle maison de plaisance. L'ancien
Théâtre

Théâtre à *Parme*, que j'ai vu à grand regret tomber en ruine, est le plus vaste de l'Italie; sa forme est comme celle des Amphithéatres Romains, avec de l'argent & du goût, on pourroit en faire un vrai chef-d'œuvre. Il est à supposer qu'on trouve de beaux Tableaux dans la patrie de *Corregio*. On voit dans la Galerie de la Cour un Tableau de la Sainte Famille, d'une beauté achevée; mais on admire encore plus la Coupole de l'Eglise Cathédrale, peinte par *Corregio*, qui est son dernier ouvrage & qui fut cause de sa mort; les Chanoines ayant rabattu du prix convenu, quoique modique, la douleur qu'il en ressentit, causa la mort de ce grand homme dont le pinceau reste immortel. C'est dans l'Eglise Cathédrale qu'est le Tombeau du fameux *Pétrarque*; ce Poëte y est représenté couronné de lauriers. Il y a à *Parme* une Académie de Peinture, de Sculpture, & d'Architecture. De *Parme* à *Florence* on passe par *Modène*, le Palais du Duc est meublé de beaucoup de beaux Tableaux. De là à *Bologne*, une des Villes les plus intéressantes pour les sciences & les beaux-arts, & surtout pour l'Ecole de Peinture. Ces fameux instituts, qui sont une réunion de toutes les sciences, ne sont pas moins célèbres. Le goût des sciences s'étend même jusqu'aux femmes; on en voit qui donnent pu-

M

bliquement leçon de mathématique & autres fciences. Comme je ne fuis refté que cinq jours à *Bologne*, je n'entrerai pas dans de plus grands détails. De là jufqu'à Florence, les chemins font affreux ; on doit fupporter l'ennuyeufe traverfée des Apennins ; ces montagnes qui n'ont aucune des beautés des *Alpes*, en ont à peu près la durée. Les Auberges y font exécrables, & avec tout l'or du *Pérou* on y mourroit de faim ; en général les Auberges d'Italie font d'une mal-propreté révoltante, & me font fouvent regretter les élégantes Auberges d'Angleterre. *Florence* eft fituée dans un vafte baffin entouré de vignes & à peu de diftance des Apennins. L'œil, après les ennuis qu'il a éprouvés dans les montagnes, eft enchanté à la vue des rians environs de Florence. Cette Ville eft très-belle, le pavé eft tout en grandes pierres carrées d'une propreté & d'une aifance à marcher comme fur un parquet ; la grande Porte par laquelle on entre, eft fuperbe, c'eft un Arc de triomphe dédié à l'Empereur *François* lorfqu'il prit poffeffion de la Tofcane ; fes ornemens en bas-relief font d'un travail achevé. Comme c'eft à *Florence* que les beaux-arts renaquirent & fe perpétuèrent de là avec le plus de fplendeur en Italie, il n'eft point étonnant qu'on en voie les veftiges de toute part.

Les Places publiques font ornées de Statues & de Groupes admirables. Les Eglises abondent en bons Tableaux. C'est *Raphaël*, c'est *Corrège*, c'est *Michel-Ange* qui attirent les regards. L'Eglise *Laurentiana* est d'une Architecture admirable, une vaste Rotonde y est ornée de Marbres & de Statues les plus rares. La Bibliothèque *Laurentiana* ou de *St. Laurent*, formée par la maison de *Médicis*, offre plus de trois mille Manuscrits, dont plusieurs sont des plus curieux & des plus rares. Le Dôme de la Cathédrale est de même superbe. La Galerie, si renommée à juste titre, qui contient tant de trésors en Antiquités, Pierres précieuses, Peintures & autres curiosités en tout genre, que des Souverains n'en pourroient plus payer la juste valeur, mériteroit une description toute particulière, si tout le contenu de cette Galerie ne se trouvoit déjà imprimé dans divers Ouvrages. Elle est nommée la Galerie de *Médicis*, de ce que *Cosme I* de *Médicis* la fit bâtir, & que c'est à lui, & à ses descendans que Florence est redevable de toutes les curiosités, & magnificences qu'elle étale aux Etrangers dans cette superbe Galerie. On y trouve tous les Bustes des Empereurs Romains depuis *Jules-César* jusqu'à *Alexandre Sévère*, & nombre de belles Statues antiques. Le plafond est peint à fresque; on y voit les Portraits des Florentins qui se sont illustrés par leurs talens, ainsi que des premiers de la maison de *Médicis*, de cette maison si chère aux Beaux-Arts, & aux Gens de Lettres.

Douze Chambres tiennent à la Galerie; la première est celle des Peintres, qui renferme les Portraits des plus célèbres Peintres de l'Europe, peints par eux-mêmes; ce fut le Cardinal *Léopold de Médicis* qui engagea les plus fameux Peintres vivans à y envoyer leurs Portraits; parmi lesquels je trouvai celui de l'Electrice Douairière de *Saxe*, née Princesse de *Bavière*, fait par elle-même, & dont le pinceau est fort joli. La seconde Chambre, nommée celle des Porcelaines, renferme les Porcelaines les plus rares de tous les pays de l'Europe, & nombre de Vases Etrusques. La troisième Chambre, nommée Chambre des Idoles, étale une prodigieuse quantité de Bronzes antiques, de Talismans, de Lampes & instrumens de Sacrifice. La quatrième Chambre, appelée des Arts, renferme les Ouvrages les plus rares & curieux en Marqueterie & en Ivoire. On trouve dans la cinquième Chambre, nommée des Flamands, cent cinquante Tableaux de *Rubens*, de *van Dyck* & autres Peintres fameux de l'Ecole Flamande. La sixième Chambre est celle des Mathématiques, qui montre les Inftrumens les plus achevés en fait de Phyfique & d'Aftronomie. La feptième Chambre, nommée celle de la Tribune, offre les objets les plus ravif-fans, & fixe le plus l'attention de tout Amateur; la Sculpture & la Peinture femblent s'y difputer le prix. L'œil s'arrête furtout fur cette fameufe *Vénus*, nommée la *Vénus* de *Médicis*, qui paffe pour le chef-d'œuvre de la fculpture, & pour la repréfentation la plus parfaite de toutes les beautés d'une femme; cette belle *Vénus* eft d'un marbre blanc, & d'une fineffe extrême; fon vifage offre le contour & les traits les plus agréables; fa bouche s'orne d'un doux fourire; fon fein, qui femble refpirer, offre une proportion raviffante; chut fur le refte des beautés de cette *Vénus*; mais heureux, cent fois heureux le *Pigmalion* qui pourroit l'animer! Sa hauteur eft d'un peu plus de cinq pieds; ce qui prouveroit pour la beauté des femmes de moyenne taille. Cette *Vénus* tout à fait femblable à celle de *Gnide* dont *Lucien* parle dans fon dialogue des Amours, pourroit bien être cette même *Vénus* de *Gnide* faite par *Praxitèle*; quoique le nom de *Cléomenés* foit infcrit fur le piédeftal, elle fut trouvée à *Tivoli* dans *villa Adriani*. Près de cette belle & tentante Statue fe trouve une autre *Vénus*, nommée Célefte, ou

Pudique, qui est aussi d'une grande beauté. Tandis que la Sculpture transporte l'ame & charme l'imagination par la représentation des attraits les plus enchanteurs, & des perfections les plus frappantes, la Peinture ne demande que l'élévation des yeux pour exciter la même admiration, & des sensations aussi vives; c'est là qu'on voit cette superbe *Vénus* de *Titien*, avec le petit Chien couché à ses pieds, la plus belle peinture & surement la plus séduisante que le pinceau ait pu produire. La seconde *Vénus* de *Titien* n'a point un coloris aussi agréable que la première. On y voit encore un *St. Jean* de *Raphaël*, & une Vierge de *Corrège*, Tableaux de la plus grande beauté. Cette Chambre renferme aussi les Pierreries les plus précieuses en tout genre. La huitième Chambre se nomme celle de l'Hermaphrodite, sans doute par rapport à la belle Statue de l'Hermaphrodite qui s'y trouve. La neuvième Chambre est celle des Médailles : Il y en a la plus belle collection, dont plusieurs Médailles grecques sont en grand bronze; il s'en trouve aussi un grand nombre de Camées. La dixième Chambre, nommée l'Arsenal, ne renferme rien de rare, sinon des esquisses de quelques fameux Peintres. Dans l'onzième Chambre, nommée Tabernacle, se garde le Tabernacle deftiné pour l'Églife de St. Laurent. Et la douzième Chambre, nommée la Salle d'Armes, contient différentes Armures. Le Cabinet d'Hiftoire Naturelle eft pareillement digne de la plus grande attention.

Le Commerce eft très-étendu en *Tofcane*; les Soies en font un grand article, d'autant plus qu'elles font travaillées à Florence même, où ces fortes de Manufactures font parvenues à un grand point de perfection; fes Damas, & Velours égalent prefqu'en beauté ceux de France, fes Taffetas & Satins les furpaffent. Les Vins de Tofcane font auffi un grand commerce en Italie. Quant au Commerce de Laine, dont Florence faifoit autrefois un débit prodigieux, il eft prefqu'entiérement tombé, & les Florentins, qui ne font plus animés du même efprit que les *Médicis*, ne cherchent pas même à le reproduire encore.

Avec quel plaifir ne fe reffouvient-on pas de cette Famille de *Médicis*, qui fut réunir les foins du Gouvernement de l'Etat, aux avantages du Commerce, & au goût des Beaux-Arts. Les premiers des *Médicis*, qui furent Confaloniers à Florence, étoient tous commerçans en laine. Répétons ici les paroles dont fe fert M. de Voltaire pour repréfenter ce fameux *Cofme* de *Médicis*, furnommé le Grand, & le *Père* de la *Patrie*.

M iv

C'étoit une chose aussi admirable qu'éloignée de nos mœurs, de voir ce Citoyen qui faisoit toujours le Commerce, vendre d'une main les denrées du Levant, & soutenir de l'autre le fardeau de la République, entretenir des Facteurs, & recevoir des Ambassadeurs, résister au Pape, faire la guerre & la paix, être l'oracle des Princes, cultiver les belles-lettres, donner des spectacles au peuple, & accueillir tous les Savans Grecs que la barbarie des Turcs forçoit de s'éloigner de Constantinople. Il n'y a plus rien à ajouter à un tel éloge; on voit avec attendrissement la Tombe de ce grand homme dans l'Eglise de *St. Laurent*, avec l'inscription, *Pater Patriæ*. Le Grand-Duc d'aujourd'hui est digne du nom de *Père de la Patrie;* si même quelques Florentins qui n'aiment guère les Allemands & sont d'un naturel très-méfiant envers eux, étoient assez injustes pour ne pas le lui donner généralement, les soins qu'il prend du Gouvernement, les excellentes lois qu'il a données pour l'amélioration de la Justice, la protection qu'il accorde à l'Agriculture & aux Beaux-Arts, & son goût pour les Lettres, le mettent au rang des plus grands Princes de son siècle: Ce goût pour les Beaux-Arts, lui fait saisir avec avidité toutes les productions nouvelles en ce genre, & son Résident à Paris, l'Abbé *Ni-*

colai, avec lequel j'étois fort lié, étoit obligé de lui envoyer tous les modèles des nouvelles Inventions, foit en Méchanique, foit pour l'Agriculture, foit dans tout autre genre où le génie fe perfectionne. Son Réfident à Londres eft chargé du même foin.

J'eus l'honneur de lui faire ma Cour, & d'en être reçu avec cette bonté qui le caractérife, & dont tous les Etrangers qui jouiffent du bonheur de lui être préfenté, ne peuvent affez faire l'éloge. Il me parla long-temps, & fur divers fujets, concernant l'Angleterre que je venois d'entrevoir. C'eft de ce Prince, & de fon augufte Frère l'Empereur *Jofeph II*, que l'on peut dire que leur converfation enchanteroit, fi même ils n'étoient que de fimples particuliers; & qu'ils n'ont pas befoin de cet avantage attaché à la grandeur, que chaque parole indifférente prend une tournure agréable dans la bouche d'un Souverain. Près de ces illuftres Princes, on oublie, en les entendant parler, la grandeur de leur naiffance pour ne s'occuper que de la grandeur de leur génie, & des traits fpirituels de leur converfation. Mais auffi ne parlent-ils point par étiquette, & ne font-ils pas obligés de dire quelques mots à certaines heures, & furtout point de petits levers à leurs Cours.

Je me souviens à ce sujet de quelques mots dits par un Souverain d'un grand Royaume, auquel cependant la nécessité de parler faisoit quelquefois dire des choses qui n'eussent point été admirées dans la bouche d'un particulier; voulant parler à l'Ambassadeur de Venise G***, il lui dit : M. l'Ambassadeur, à *Venise, combien sont-ils dans le Conseil des Dix ? Sire, quarante,* répondit le malin Ambassadeur. Je ne vous cite ce trait que pour vous faire connoître qu'en dévouant le plus profond respect aux têtes couronnées, je ne leur voue pas toujours la même admiration.

Je regrette de ne pouvoir faire ma cour à la Grande-Duchesse, qui est en couche ; toutes les personnes qui ont le bonheur de connoître cette Princesse, m'assurent qu'elle est aussi respectable par ses vertus & sa bienfaisance que par son illustre naissance.

L'Armée du Grand-Duc n'est point nombreuse, mais aussi à quoi lui serviroit-il d'avoir des troupes dont l'entretien appauvriroit son Pays. La Toscane ne court point le risque d'une invasion, & si jamais le Milanois étoit attaqué, le Grand-Duc pourroit de son Pays, quoique petit, mais très-peuplé, fournir aisément 20000 hommes de troupes auxiliaires. Les Florentins, ci-devant exposés à des guerres continuelles avec les Républiques de *Sienne* & de *Pife*, & déchirés pareillement par les guerres inteſtines, jouiſſent préſentement d'un repos aſſuré! ſurtout ſous la domination d'un Prince qui préfère le bonheur de ſes ſujets, & de l'humanité, à la gloire des conquêtes, & dont l'eſprit philoſophique ne pourroit concevoir l'idée de faire périr quelques cent mille hommes, & ravager des milliers d'arpens dans des guerres ſanglantes, pour s'entendre nommer enſuite le très-clément Souverain de quelques Villages de plus. Le *Dante*, *Pétrarque*, & *Boccage* ne revivent plus à Florence, & malgré le goût du Souverain dans tout genre de ſcience, le génie Florentin ne ſe reproduit plus dans de grands hommes ſemblables. La Nobleſſe à Florence n'eſt plus diviſée par le parti des *Blancs*, & des *Noirs*; ni des *Guelphes*, & des *Gibelins*; mais il y règne un eſprit d'économie qui rend à un Etranger la comparaiſon des amuſemens de Florence avec ceux de Milan très-peu avantageuſe pour les premiers, & j'avoue que ſans les maiſons du Chevalier *Mann*, Miniſtre d'Angleterre; de celle du Comte *Colloredo*, Grand-Maître des Archiducs, & de celle de Mylord *Tilny*, Seigneur Anglois, les ſoirées m'euſſent paru bien longues, & je crois que preſque tout Etranger ne doit ſes amuſemens de ſociété qu'aux trois maisons dont je viens de parler, ainsi qu'il ne court aucun risque de gagner une indigestion d'un cuisinier Florentin.

Adieu.

De Rome.

LETTRE XIX.

JE fis de *Florence* une petite tournée à *Pise*, jadis capitale célèbre d'une République florissante, mais présentement tombée en décadence par le commerce de *Livourne* & de *Gênes*. *Pise* ne sert plus qu'à faciliter la respiration à des poumons délabrés, & à les restaurer par l'air salubre qui y règne; le cœur ne s'y dilate pas: Cette Ville étant triste & peu peuplée, l'herbe croît dans les rues, & l'on y voit un vaste bâtiment nommé la *Bourse*, sans argent & sans marchands. Beaucoup d'Anglois vont respirer l'air bienfaisant de *Pise* pendant l'automne & l'hiver; un vaste Cimetière destiné pour les Anglicans prouveroit cependant que la mort nous suit par-tout, & que beaucoup de poitrinaires la trouvent à *Pise* même. C'est à *Pise* qu'est le Grand-Prieur de l'ordre des Chevaliers de St. *Etienne*, dont le Grand-Duc de Toscane est le Grand-Maître; ils jouissent des mêmes prérogatives que les Chevaliers de Malte & ne sont pas obligés au célibat. L'Eglise de St. Etienne leur appartient; la Façade de cette Eglise est de marbre blanc de Carrare. L'Université de *Pise* a toujours joui d'une réputation distinguée pour les études, & elle s'augmentera sans doute encore sous un Prince qui sait apprécier les Gens de Lettres. *Pise* est la ville natale du fameux *Galilée.* A quatre milles de *Pise* se trouvent les fameux Bains déjà célèbres même du temps de *Pline*, nommés les Bains du *Mont Pisan* ; ces Bains sont au nombre de douze, & chacun porte le nom d'une Divinité du Paganisme. Leur usage est très-salutaire dans différentes maladies, & ils attirent souvent beaucoup d'Etrangers à *Pise.* Comme c'est de *Rome* que je vous écris cette Lettre & que j'ai déjà le bonheur d'y être depuis trois semaines & d'avoir vu de près le maniement du *dextre* bienfaisant qui s'étend *urbi & orbi* ; je ne puis terminer ma Lettre sans vous communiquer mes idées sur cette Ville célèbre ; cette Ville, qui jadis avoit obtenu l'empire du monde par les armes, les sciences & la sagesse de son gouvernement, & qui présentement encore règne sur les esprits par les voies douces & sûres de notre sainte Religion, & souvent même par la fine politique des Successeurs de St. Pierre. Il est vrai que dans ce siècle pervers, où l'on se mêle de raisonner sur toutes choses, les ordres émanés du Vatican ne font plus la même impression sur l'univers que ceux du Capitole du temps des *Césars*, ou qu'ils firent sous les Papes du 15me

siècle : mais c'est que tout dégénère, & la bonne *Fée Urgèle* a bien raison de nous le dire & de s'écrier, *le pauvre temps, le pauvre temps!* Ce ne sont plus les Jeux des Cirques, les Combats de Gladiateurs, les Danses Héroïques d'un *Pilade*, qu'offre *Rome* moderne ; c'est avec des Spectacles plus convenables à la douceur de nos mœurs que l'on fait son salut en s'amusant; les voix claires & tendres d'un Signor *Consoli* & d'un *Marquesini* réchaufferoient & toucheroient les cœurs les plus froids & insensibles. Il est vrai que l'origine de ces voix est peut-être plus cruelle que le combat des Gladiateurs ; que bien de profanes prêtent plus d'attention à ces sons attendrissans qu'aux sacrés Mystères de la Religion, & que cette nouvelle espèce de *Sirènes* fait tourner à l'Eglise autant de dos au maître Autel, que le Signor *Consoli* fait tourner dans *Rome* même les têtes des *Lucrèces modernes* ; mais tous ces pieux scandales s'effacent moyennant quelques processions cérémonieuses. Les Arcs de triomphe de *Rome* moderne n'offrent plus les entrées pompeuses d'un héros vainqueur ; ce n'est plus *Scipion*, ni *Germanicus*, qui terminent leur généralat par une marche triomphale : c'est un Général des *Capucins*, celui des *Cordeliers*, qui passent fièrement sous les portiques de *St. Pierre*, & vont prendre la place d'honneur près des Cardinaux dans l'Eglise. Si leurs cohortes n'ont point subjugué des Royaumes les armes à la main, s'ils n'ont point remporté les butins d'un ennemi vaincu, si moins durs que les farouches soldats, ils n'exigent point, le fer à la main, *la bourse ou la vie*, ils ont au moins subjugué l'esprit du peuple dans l'étendue de plusieurs milliers de lieues soumis à l'Eglise, & vont en pays d'amis, le chapelet à la ceinture, crier à la foule vulgaire, *bourse ou damnation*. Jusqu'à quand ces cohortes resteront-elles aussi nombreuses ? Jusqu'à quand auront-elles des Généraux à *Rome* payés du contingent de toutes les provinces ? J'ai eu l'honneur de manger plusieurs fois chez des *Monsignori*, & même chez des *Chapeaux Rouges*; leur société est aussi éclairée qu'agréable; je regrette cependant de ne pouvoir souper dans les sites délicieux de *Tibur* avec un *Horace* & un *Mécène*; sa *Lidie* n'eut pas été de trop à notre soupé, & le vieux vin de Falerne bu avec un *Horace* m'eut égayé davantage que le *vin dolce* d'un Monsignor : d'ailleurs je ne crois pas que les Esclaves d'*Horace* alloient en corps le lendemain, demander la *bona mancia*, aux convives qu'il venoit de régaler amicalement, ainsi que c'est l'usage dans *Rome* moderne ; & il en coûte présentement plus de faire sa cour à un

Car-

Cardinal ou Monsignor, qu'il n'en coûte pour voir la Ménagerie à Londres. Le très-estimable Académicien auteur d'une excellente Description sur l'Italie, dit, en parlant de *Rome*, que si l'on ne trouve plus dans ses habitans ces vertus républicaines qui les rendoient autrefois si célèbres, si la valeur semble en être exclue de nos jours, on y trouve en revanche des vertus plus douces, & des mœurs moins farouches que du temps des Césars, & que si l'on considère le gouvernement de Rome moderne, & qu'on le compare à l'ancien, qu'on réfléchisse sur l'affreuse cruauté qu'exerçoient la plupart des Empereurs Payens, sur leurs injustices, leurs proscriptions, & les guerres intestines dans *Rome* même, l'on verra que les Romains d'aujourd'hui sont cent fois plus heureux sous un gouvernement fondé sur la douceur, tel qu'est celui des Souverains Pontifes. Sans vouloir contredire le sentiment d'un Homme de Lettres aussi éclairé que cet Académicien, j'oserai cependant révoquer en doute le prétendu malheur des Citoyens Romains sous l'empire d'un *Titus*, d'un *Trajan*, d'un *Marc-Aurèle*, d'un *Antonin*, & de plusieurs autres Césars dignes par la bonté de leur cœur, de l'empire du monde : Ainsi que je révoque en doute le bonheur des Citoyens de *Rome* part des Papes n'ont point voulu s'engager à des dépenses aussi fortes, dont ils ne pouvoient recueillir le fruit. Plusieurs d'entre eux qui ont eu à cœur un aussi grand dessein & qui avoient même commencé à l'exécuter, en ont été empêchés par une mort imprévue, & leurs Successeurs n'ont point été dans les mêmes sentimens; il faudroit un concours de plusieurs volontés, & les mêmes idées dans plusieurs Papes consécutifs pour remédier à des inconvéniens aussi destructeurs. Si le Gouvernement de Rome moderne surpasse en quelques points les règnes brillans des Césars, c'est par l'exercice de la charité, cette première des vertus qui ne fut jamais exercée dans l'ancienne Rome comme elle l'est actuellement. Le nombre, la beauté & la magnificence des Hôpitaux y font honneur à l'humanité.

Rome paroît le centre de la Politique la plus raffinée; si la grande influence qu'elle avoit autrefois dans toutes les affaires de l'Europe est affoiblie, tout est politique dans son enceinte même. Combien de partis différens, de projets, de brigues pour les moindres places; le *Machiavelisme*, cet art de se déguiser sous la forme la plus avantageuse, y est connu au suprême dégré. Le Cardinal Camerlingue, le Cardinal Dataire, le Cardinal Secrétaire d'Etat, occupent les Charges les plus confidérables du Sacré Collége. La place du Gouverneur ou Préfet de Rome, celle du Grand-Tréforier, & celle du Majordome mènent indubitablement au Cardinalat. Le Cardinal-Vicaire gouverne pendant l'interrègne. J'eus l'honneur de baifer la mule du St. Père. Ce Pontife jouit d'une excellente conftitution, qui lui donne l'air de ne pas avoir les 50 ans; fa figure eft belle, fon abord gracieux & doux. Parmi les Cardinaux les plus diftingués par l'élévation de leur génie & par le grand état de maifon qu'ils tiennent, le Cardinal de B*** mérite furement la première place; il tient une Maifon fuperbe, ouverte à tous les Etrangers; la gaieté & la fécondité de fon efprit influent fur celui de toute la fociété, & rendent la fienne la plus agréable de Rome: Amateur des Lettres, il a fait lui-même quelques jolis Vers imprimés dans un recueil fous fon nom. La médifance prétend que c'eft l'amour propre de Poëte qui rendit ce Miniftre auffi irrité contre le Roi de Pruffe, & accéléra le Traité de Vienne. Le Philofophe de *Sans-Souci* avoit méprifé les Poéfies de l'Abbé, préfentement Cardinal, & en avoit écrit en ces termes: *Et je laiffe à B*** fa ftérile abondance.* Cette fuppofition vraie ou fauffe, fit naître beaucoup de fatyres contre l'amour propre du Poëte Miniftre, dont l'une finiffoit par ces vers.

> Six cent mille Hommes égorgés,
> Monfieur l'Abbé, de grâce, eft-ce affez de Victimes.
> Et les Mépris d'un Roi pour vos petites Rimes,
> Vous femblent-ils affez vengés ?

Cette anecdote eft fans doute plus plaifante que véritable ; quoique nous fachions que les plus petites caufes ont fouvent produit les plus grands effets ; & que des cent mille hommes ont été quelquefois égorgés pour des objets peut-être plus futiles encore que l'amour propre d'un Poëte outragé. Je vous ferai, dans ma Lettre fuivante, une courte defcription des principales curiofités de Rome à mefure que je les aurai vues. Adieu.

De Rome.
LETTRE XX.

QUOIQUE chaque moderne *Cicerone* à *Rome* pourroit détailler mieux que moi les Curiosités que les Etrangers y recherchent, je veux cependant vous rendre compte des objets les plus remarquables que j'ai vus, & qui occupent plus mes loisirs à *Rome* que les Sociétés, ou *Conversationi*; car quoique la Noblesse y soit très-honnête & prévenante envers l'Etranger; qu'on trouve à *Rome* des personnes de génie en tout genre, & que le sexe y soit assez beau, je vois que la gaieté y règne peu, & qu'un ton de réserve y domine généralement. Peut-être aussi que l'air pesant qu'on y respire dès le mois de Mai abat un Etranger qui n'y est point habitué encore, & le rend même presqu'insensible à tous amusemens & plaisirs de société; telle est la sensation que j'éprouve, & telle fut celle de beaucoup d'Etrangers qui y habitoient dans la saison des chaleurs. Les assemblées ne commencent que vers les dix heures du soir, & durent jusqu'à une heure après-minuit; on ne soupe guère à *Rome*.

La résidence des Papes étoit ordinairement à *Monte Cavallo*, dont la situation élevée est plus-faine que celle du *Vatican*; mais le Pape d'aujourd'hui semble préférer le *Vatican*, & y a établi sa résidence. Ce Palais renferme des beautés que l'on ne sauroit décrire, & que l'on ne peut même saisir à la première vue. Il contient passé quatre mille Chambres ou Galeries, & vingt-deux Cours. Tous les chef-d'œuvres de *Raphaël* se voient dans plusieurs Appartemens & Galeries. La Galerie qui est au second rang, & qu'on nomme la *Bible* de *Raphaël*, parce qu'il a tiré de la Bible le sujet de la plupart des Peintures de cette Galerie, est d'une beauté si rare, qu'on ne sauroit la revoir assez souvent pour en saisir tous les attraits particuliers. Dans l'endroit qu'on appelle *Belvedere*, qui est joint au *Vatican*, se trouve la fameuse Statue d'*Apollon* d'une beauté à comparer avec celle de la *Vénus* de *Médicis* à *Florence*. On y voit aussi le superbe Groupe de *Laocoon*, & de ses Fils déchirés par deux Serpens; l'*Antinoüs*, ainsi qu'une Statue colossale du Nil, & une du *Tibre*. La fameuse Bibliothèque *Sixtine* est renfermée au *Vatican*; elle est moins considérable & moins précieuse que celle du Roi à Paris, mais la Galerie en est d'une architecture admirable. On voit dans la Chapelle *Sixtine*, jointe au *Vatican*, le fameux Tableau du Jugement dernier par *Michel Ange*. Auprès du

Vatican est la superbe Eglise de *St. Pierre*, ouvrage supérieur à tout ce que l'antiquité a eu de plus beau. Ce superbe Edifice, commencé par *le Bramante*, *Michel-Ange Buonarotti*, & *Raphaël d'Urbin*, & entiérement achevé par les meilleurs Architectes, occupe toute l'attention d'un Voyageur. Outre que c'est un chef-d'œuvre de l'architecture, on y trouve des Statues superbes, des ouvrages en mosaïque, des Peintures admirables, enfin tout ce que l'art peut rassembler de plus parfait. Il faudroit une description particulière pour en caractériser les beautés. Comme il y en a plusieurs d'imprimées, je ne m'étendrai point sur cet article. Le nombre des Eglises & Chapelles de *Rome* est immense, & la plupart sont d'une construction & d'une richesse merveilleuses. L'Eglise de *St. Jean de Latran* est la première Eglise Patriarchale d'Occident, & a la primauté sur toutes les autres; c'est là où est le Siége du Pape; aussi en va-t-il prendre possession en cavalcade solemnelle après son élection. L'Eglise appelée la *Rotonde*, autrefois le *Panthéon* chez les Romains, est un chef-d'œuvre d'architecture, c'est l'antique la mieux conservée qu'il y ait à Rome; ses murs sont de 25 pieds d'épaisseur. Cette Eglise parfaitement ronde, ne reçoit le jour que par une large ouverture à la voûte; telle étoit la forme de la plupart des Temples Payens. Cette Eglise est, après celle de *St. Pierre*, celle qui a le plus satisfait mes regards. C'est dans cette Eglise qu'est le Tombeau du fameux *Raphaël d'Urbin*. L'Eglise de *St. Paul*, hors des murs de Rome, est un composé de trois rangs de colonnades de marbres, qui étoient autrefois aux Temples des Payens : c'est là où se trouvent tous les Portraits des Papes depuis *St. Pierre*. *St. Sébastien*, hors des murs de Rome, est célèbre par ses Catacombes. C'est à Rome que la plupart des Maisons des Seigneurs offrent les plus beaux restes de l'antiquité, ainsi que les ouvrages les plus parfaits en peinture & architecture. On voit dans la Galerie du *Palais Colonne* les plus beaux Tableaux de *Raphaël*, de *Guide*, de *Paul Véronèse*, de *Rubens*, & autres Peintres célèbres; dans le Palais *Aldobrandini* se trouve la célèbre Peinture antique nommée *Noce Aldobrandine*, puisqu'elle fut tirée des ruines d'une Maison de *Mécenas* sous le pontificat de *Clément XIII Aldobrandin* : On voit encore une superbe collection de Tableaux dans le Palais *Barberini*, parmi lesquels se trouve le Portrait de la Maîtresse de *Raphaël*, peint par lui-même; on y trouve encore de superbes Statues antiques. Le Palais *Pamphili* offre aussi une riche collection de Tableaux. Le Palais *Borghèse* est un de ceux qui m'a fait le plus de plaisir par la beauté des Tableaux & le goût, & le bon ordre qui règnent dans toute la maison, chose assez rare dans les maisons romaines, où ordinairement le bon goût est inconnu. Si les Anglois & les François possédoient les chef-d'œuvres que l'on voit à Rome, ils en feroient plus de cas & une meilleure distribution : En général peu de Seigneurs Romains savent apprécier les trésors qu'ils possèdent, & n'ont point le goût assez épuré pour les placer convenablement. Le Palais *Farnèse* est formé d'après le dessein de *Michel-Ange*, & les matériaux ont été tirés des Ruines du *célèbre Colisée;* de ce superbe Colisée dont les débris enchantent encore, que j'ai vus & revus plus de dix fois pendant mon séjour à Rome, toujours avec une nouvelle admiration. On voit dans le Palais *Farnèse* la belle Galerie peinte par *Annibal Carrache*, & ses frères, ainsi que de superbes Statues, savoir l'*Hercule Farnèse*, & les Gladiateurs, Statues des plus renommées & des plus belles de Rome ; mais rien ne surpasse le fameux Groupe du Taureau qui représente *Amphion* & *Zétis*, qui, par ordre d'*Antiope* leur mère, attachent *Dircé* aux cornes d'un Taureau sauvage. Ce Groupe est d'un seul bloc de marbre, & c'est le plus grand qui soit connu dans l'antiquité. Le petit Palais renferme auſſi de grandes beautés en fait de Peinture & de Statues. Le *Capitole* bâti par *Michel-Ange*, a pour fondement l'ancien *Capitole* dont on ne voit plus aucun reſte. C'eſt dans la cour du Capitole que ſe trouve la ſuperbe Statue équeſtre de *Marc-Aurèle* en bronze doré ; c'eſt une des meilleures pièces de l'antiquité. Le Pape *Corſini* raſſembla au *Capitole* une collection d'Antiquités, laquelle fut encore augmentée ſous *Bénoît XIV*. Le *Gladiateur mourant*, *Ciceron* avec ſa Verrue, & la *Louve* qui allaita *Rémus & Romulus*, ſont les Statues les plus remarquables de cette collection : ce ſuperbe *Capitole*, où les Vainqueurs étoient couronnés, où tant de Rois ornèrent le Triomphe des Guerriers Romains, ſert de fondement au nouveau, qui malgré les belles pièces qu'il renferme, ne dédommage point de l'ancien. Parmi les reſtes curieux de l'ancienne *Rome*, on trouve dans *Rome* même la Colonne *d'Antonin*, où l'on voit en bas-relief les évènemens les plus remarquables des guerres que les Romains eurent à ſoutenir ſous les règnes de *Marc-Aurèle*, & de ſon prédéceſſeur. La Colonne de *Trajan*, où ſont repréſentées ſes deux Expéditions contre les *Daces*, a cent cinquante pieds de hauteur. La Statue de *Trajan* qui étoit au sommet, a été remplacée par une Statue Colossale de *St. Pierre*. L'ancien Tombeau de l'Empereur *Adrien* forme présentement une partie du Château *Saint-Ange*. On voit dans le *Forum Romanum* ou *Campo Vacino*, quelques vestiges du Temple de la Paix ou de la Concorde, dont le Vestibule subsiste encore en entier, & est composé de six Colonnes de granit oriental; c'est là où le Sénat s'assembloit pour les affaires les plus intéressantes de la République. C'est là où les complices de *Catilina* furent jugés. On voit pas loin de là l'Arc Triomphal dédié à *Septime-Sévère* après la guerre contre les *Parthes*. L'Arc de *Titus* sert de porte au *Forum Romanum*; les bas-Reliefs dont il est décoré sont d'un travail achevé; ils représentent les Triomphes de *Titus* sur la Judée. Tout près de là on voit le superbe Amphithéatre nommé Colisée que *Vespasien* fit construire après son triomphe en Judée. *Martial* dit, que sa magnificence l'emportoit sur les Pyramides d'Egypte, le Temple d'Ephèse, & autres merveilles du monde. Cet Amphithéatre contenoit quatre-vingt mille Spectateurs assis, & plus de vingt mille debout. Douze mille Juifs amenés Esclaves à Rome travaillèrent sans relâche à le construire. L'enceinte de ce superbe Edifice est exactement conservée, de même que la partie du côté du nord, que l'on voit encore dans toute fa hauteur. Les Barbares ne l'avoient point ruiné, & on le verroit encore dans le même état qu'il étoit du temps de fa conftruction, fi les Romains eux-mêmes, fous les Papes *Paul II & Paul III*, ne l'euffent démoli en partie pour en tirer des matériaux & en bâtir leurs Palais modernes. Le Palais *St. Marc*, celui de la Chancellerie, & le Palais *Farnèfe*, ne peuvent être confidérés qu'avec peine par tous les amateurs des beautés anciennes, étant conftruits des ruines de ce fuperbe Amphithéatre qui auroit fait le plus grand ornement de *Rome*, & le modèle le plus parfait pour toute architecture; ce qui en refte encore à préfent fuffit pour en faire reconnoître toute la beauté. Plus loin, vers le même côté, fe trouve l'Arc de *Conftantin*, qui lui fut érigé par le peuple après la Victoire qu'il remporta fur le tyran *Maxence*: mais ce qu'il y a de fingulier, c'eft que tous les bas-reliefs de cet arc dédié à *Conftantin*, repréfentent les Triomphes de *Trajan*. On voit plus loin de là encore les *Thermes* ou Bains de *Titus*, & de *Trajan*: on a trouvé il y a deux ans, en creufant près de là, plufieurs Chambres avec des Peintures anciennes à frefque fur les murailles : ce qu'on a vu jufqu'à préfent en fait de Peintures anciennes, tant à Rome qu'à

Naples, prouveroit que les anciens ne nous égaloient pas dans cet art; apparemment que les ouvrages de *Zeuxis* & *d'Apelle*, ces fameux Peintres de l'antiquité, n'auront point été déterrés encore. Au nord de *Rome*, l'on voit encore quelques veſtiges des Temples que *Metellus* fit élever, dont l'un fut dédié à l'Honneur, & l'autre à la Vertu. Le Tombeau de *Ceſtius*, en forme de Pyramide haute d'environ cent dix pieds, & large à ſa baſe de quatre-vingt-dix, eſt encore dans tout ſon entier. On peut voir par tous ces monumens anciens, & par toutes les beautés & chef-d'œuvres modernes, combien *Rome* eſt intéreſſant en ce genre pour un Voyageur. Comme *Horace* ne ſe retrouve plus à *Tivoli*, il faut au moins lire ſa Lettre ſur les plaiſirs de la campagne, & ſur les ſites délicieux qu'il habitoit pour rendre *Tivoli* plus curieux encore.

Tivoli, *Freſcati*, *Villa Albani*, ſont des Maiſons de Plaiſance que des Souverains peuvent envier. On trouve ſurtout dans *Villa Albani* une belle collection de Statues & d'Antiques. Son Poſſeſſeur, le Cardinal *Albani*, notre Ambaſſadeur à *Rome*, eſt un des plus grands antiquaires de cette ville, & ſon tact eſt ſi fin, que comme ſes yeux ne le ſervent guère, il diſtingue par l'attouchement ſeul l'antiquité des Médailles & Camées. On m'assure que cette même finesse lui sert à distinguer dans les assemblées les vieilles d'avec les jeunes Dames, & si cela est véritable, ce tact raffiné a dû lui être fort utile. Je compte de me rendre en peu de temps à *Naples*; je quitte les restes de l'ancienne *Rome* avec regret, mais mon imagination parcourt déjà les sites enchantés qu'a célébrés Virgile.

Adieu.

De Naples.

LETTRE XXI.

JE pris la poste pour aller de *Rome* à Naples. Les chemins dans l'Etat-Ecclésiastique sont des plus mauvais ; on ne se souvient qu'avec beaucoup d'amertume de la *Voie Appienne*, de ce superbe Monument de la grandeur Romaine, quand on éprouve à quel point les *Monsignori* l'ont laissé dégrader ; ce chemin est actuellement aussi ruineux pour la voiture que pour la poitrine des Voyageurs. Dans mon impatience, j'ai cent fois juré contre le Consul *Appius*, qui employa de si grandes pierres pour construire cette route, nommée *Via Regina*, du temps des Romains, & qu'on pourroit nommer présentement *Via Crudele ;* car c'est un dégré de torture que de faire cette route en carrosse. Les Postillons sont encore plus coquins ici que dans le reste de l'Italie ; d'accord avec tous les fainéans pour vexer les Voyageurs, ils détèlent à chaque passage un peu difficile, ou près du moindre ruisseau pour appeler nombre de gens qui avec de longs bâtons font avancer la voiture, & ce n'est qu'à coups de bâton aussi qu'on peut éviter de voir sa voiture fracassée par ces vauriens, qui font auffi lâches quand on leur réfifte, qu'ils fe montrent méchans au premier abord. Certes le voyage d'*Horace* à *Brindes* par la même Voie Appienne étoit plus agréable que le mien; en vain quelques reftes des charmans endroits qu'il décrit s'offroient encore à mes regards; ces Ruines mêmes qui échauffent l'imagination de plufieurs Voyageurs, attriftoient la mienne; ce beau pays, ci-devant le féjour du luxe & de l'opulence, où l'agriculture occupoit & enrichiffoit l'heureux cultivateur, où les plaifirs & les beaux-arts fe partageoient les Palais des grands : ces délicieux environs de *Rome* dignes des pinceaux de *Virgile* & d'*Horace*, ne montrent plus que quelques triftes débris des beautés anciennes, que la faux du temps a refpectés d'elle-même fans que les Romains modernes ayent pris le moindre foin d'en retarder les coups. Au lieu du fol fertile cultivé par le laboureur induftrieux & robufte, ainfi que *Columèle* & *Virgile* le dépeignent; *ut fecura quies & nefcia fallere vita, dives opum variarum.*

La Terre libérale & docile à fes foins,
Contente à peu de frais fes ruftiques befoins.

J'y vois un fol inculte & ftérile, les noires vapeurs des Marais Pontins empoifonnent jufqu'à l'air qu'on y refpire, & laiffent la trifte empreinte de la pâleur fur les joues livides des Cultivateurs pauvres, foibles & pareffeux : *Veletri* eft la première Villette de conféquence qu'on trouve fur fa route. Dès qu'on a quitté *Veletri*, les exhalaifons des Marais Pontins incommodent déjà le Voyageur; on me raconta que le danger d'une mort fubite menaçoit quiconque dormoit durant la route jufqu'à *Terracine* pendant l'exhalaifon de ces vapeurs contagieufes, quoique je fois perfuadé qu'on n'en auroit pas plus de mal en dormant, qu'on en éprouve bien éveillé. Je ne dormis point, par la raifon qu'il eft inconcevable qu'on puiffe dormir en parcourant une route nouvelle. En s'écartant un peu de la grande route, on voit *Sezzé*, petite ville fituée fur une hauteur, fameufe autrefois par l'excellent Vin de *Sezzé* que les Romains nommoient *Vinum Setivum*, & dont ils parlent avec tant d'éloges. Ces coteaux font préfentement ftériles, mais on peut voir de là toute l'étendue des Marais Pontins qui s'étendent plus loin encore que *Terracine* & couvrent un terrain immenfe. Ces Marais occupoient déjà l'attention des anciens Romains, & ce n'étoit que par le travail de ce peuple auffi laborieux dans fes provinces, que courageux dans fes guerres en pays ennemis, que la contagion étoit réprimée, & que d'étroites bar-

O ij

rières contenoient ces marais dans de juftes bornes. Mais préfentement que les habitans de *Rome* moderne ont vingt mille Moines qui prient & mangent pour eux, il eft doux fans doute de fe réfigner à mourir de contagion ou de faim. *Roma fuit!* Arrivons donc à Naples, qui exifte réellement encore; cette Ville qui par la douceur de fon climat, par la fertilité de fon fol, par les objets les plus curieux, par les fites les plus enchantés, & même par la fingularité de fes habitans, infpire à tout Etranger cet enthoufiafme, cette curiofité, cette douce fenfibilité qu'éprouve l'ame par l'empreinte du fouvenir, & à la vue des charmes de la belle nature. Déjà *Mola di Gaetta*, où l'on arrive avant *Capoue*, offre la fituation la plus délicieufe; ce petit endroit eft près d'un golfe charmant; la vue porte d'un côté vers les îles d'*Ifchia* & *Procita*, & l'on découvre de l'autre les montagnes & coteaux de *Cecube*, dont le vin fut jadis tant célébré par *Horace*. L'air le plus falutaire, les campagnes les plus fleuries & les plus riantes, des allées d'orangers, de myrtes & de citronniers, tout concourt à faire paroître ce climat comme un féjour de Féerie, ou comme cette demeure qu'habitent les Génies fortunés. Féroces guerriers d'*Annibal*, qui portiez en tout lieu la victoire & la mort! qui ne connutes d'autre paſſion que celle de la gloire, d'autre déſir que celui d'un riche butin, vos cœurs ont donc pu s'amollir dans les environs délicieux de *Capoue*; cette douce ſenſation à l'aſpect de la nature heureuſe, ces particules bienfaiſantes d'un air brûlant & voluptueux, ont pu trouver l'entrée dans votre ame, les doux plaiſirs, l'amour & la molleſſe ont ſuccédé cette fois à vos tranſports guerriers : Heureux! trop heureux! ſans doute, ſi vous n'euſſiez plus eu des Romains à vaincre, & heureux encore que l'Amérique n'étoit point découverte. La diſtance de *Capoue* juſqu'à *Naples* n'eſt que de cinq lieues; on paſſe par la jolie Ville d'*Averſa*, dont l'Evêché eſt le plus riche du Royaume. Le chemin eſt ſuperbe juſqu'à *Naples*, & je puis aſſurer que l'on ne voit nulle part une chauſſée auſſi parfaite; des arbres liés par des guirlandes de vigne qui bordent toute la route, répandent un doux ombrage & un parfum délicieux. Les coteaux les plus rians, les campagnes les plus fertiles, des villages bien bâtis & bien peuplés, tout annonce au Voyageur ſa prochaine arrivée dans la belle Capitale du plus beau Pays du monde; déjà à une demi-lieue de *Naples*, on entend le bruit confus de mille voix que cette ville ſi peuplée fait retentir au loin; nombre de cabriolets, de carroſſes, une foule de monde qui entre & fort de la ville, tout me fit croire qu'il y avoit quelque fête particulière qui attiroit ce grand concours; mais c'eſt journellement le même fracas. Enfin me voici dans cette habitation vraiment céleſte, dans le faubourg de *Chiaia*. La maiſon où je loge, nommée *Caſa iſolata*, dont l'Hôte eſt un François, eſt la plus agréable du monde; le Golfe de *Naples* baigne ſes murs & m'offre la vue de tous les Vaiſſeaux qui entrent dans le port. Le *Véſuve* ſemble y terminer ma vue, & l'éclat de ſa flamme m'eſt un fanal qui me préſente l'image la plus frappante; de l'autre côté, je vois le *Mons Pauſilype*, ce ſuperbe *Pauſilype* que les Italiens nomment *un pezzo di Cielo caduto in Terra; un morceau de ciel tombé ſur la Terre*. Sa riante verdure, ſes jolies maiſons, ſon doux ombrage, la charmante vue qu'on y découvre, tout concourt à en faire un ſéjour des Dieux. Si je tourne mes regards vers la Ville, j'en vois l'étendue immenſe & ſes maiſons au bord de la mer; je vois une foule de peuple, & nombre de carroſſes qui vont ſe promener près de ma maiſon le long de la mer, pour y reſpirer le ſoir l'air rafraîchiſſant qui y règne. Ma vue eſt éblouie de tant de beautés diverſes, & mon ame dans un juſte enthouſiaſme s'écrie avec *Enée, Italiam! Italiam!*

De Naples.

LETTRE XXII.

Les quatre semaines que j'ai déjà passées à Naples, loin de diminuer l'admiration que la première vue de cette ville m'avoit causée, n'ont servi qu'à l'augmenter encore, en me faisant découvrir chaque jour de nouvelles beautés en tout genre; *Vedi Napoli poi Mori*, disent les Napolitains; & certes il est difficile de trouver un endroit qui l'égale. Quand on monte au *Belvedere* de la Chartreuse, situé sur le mont *St. Elme* qui domine la Ville, l'œil est ébloui à la vue des objets les plus rians & les plus enchanteurs, qui se présentent comme réunis dans un seul tableau, & se disputent le droit de fixer ses regards: Là se trouve ce superbe Golfe *de Naples*, long de trente lieues & large de douze, qui forme une espèce de bassin nommé *Cratère* par les anciens. Le cap de *Misène*, Tombeau des compagnons d'*Enée*, termine ce Golfe du côté droit, & le cap de *Massa*, appelé anciennement cap de *Minerve*, le borde du côté gauche : La fameuse île de *Caprée*, où l'Empereur *Tibère* déjà vieillard, devoit retrouver toute l'effervefcence & toute la débauche d'une folle jeuneffe, s'offre en perfpective, quoiqu'à plus de fix lieues, & ferme entièrement le golfe. La vue de la Ville de Naples couronne ce baffin, & s'élève d'un côté en forme d'amphithéatre le long du *Paufilype* & de *St. Elme*, tandis que de l'autre côté elle s'étend vers le *Véfuve*, dont l'afpect offre une image auffi étonnante & majeftueufe que la vue des autres objets eft délicieufe & douce; cette vue s'étend fur tous les Jardins & Maifons de Plaifance près de *Naples*, elle perce même jufque vers *Capoue* & *Caferte* & offre par-tout les agrémens d'un climat qui femble plutôt l'habitation des Dieux que des Hommes; d'un climat où les Anciens plaçoient leurs *Champs Elifées*, & où ils retrouvoient tous les fites enchantés des Fables du Paganifme, & toutes les merveilles de la Nature. L'hiver ne fe fait guère fentir à *Naples*, il y dure tout au plus fix femaines, & encore n'y a-t-il point de jour dont quelques heures de beau temps n'engagent à jouir de la promenade; la chaleur y eft très-confidérable, mais beaucoup moins accablante que celle qu'on éprouve à *Rome*; l'air ici eft plus vif & beaucoup moins pefant; la chaleur à *Rome* affoupit & engourdit tous les fens, même jufqu'à l'imagination, tandis que les particules fulfureufes

& électriques qu'on respire à *Naples*, échauffent plus qu'elles n'abattent, tellement qu'en se gardant de trop souper, & surtout en s'abstenant d'alimens qui échauffent, on est sûr de se bien porter à *Naples*; j'évite aussi, en me baignant tous les matins dans la mer, ces ébullitions de sang que la plupart des étrangers y prennent dès les premiers quinze jours qu'ils y sont. Nous allons ensemble, le Duc *d'Hamilton* & plusieurs autres Anglois qui séjournent ici, dans une Barque à rames, prendre ces bains aussi salutaires qu'agréables dans un climat brûlant. Si je pouvois trouver un inconvénient à *Naples*, ce seroit le manque de Jardins publics; car hors l'ombrage qu'on trouve près du *Pausilype*, on n'en peut jouir nulle part qu'en se promenant dans les rues de *Naples*; point de Jardin, point de Bosquet près de la Ville, ce qui donneroit lieu de se promener à chaque instant du jour à l'abri des rayons du Soleil. La rue de *Tolède* est la plus belle de *Naples*; telle que *Paris* & *Londres* n'en ont point de pareille; elle est longue de près de 800 toises, & sa largeur est de même fort proportionnée, & paroîtroit superbe si elle n'étoit pas embarrassée par une infinité de petites échoppes où l'on vend des comestibles, ce qui lui donne l'air d'un marché; ces petites échoppes forment cependant un beau coup d'œil la nuit, étant toutes éclairées; cette rue fert de cours ou de promenade publique en hiver; on s'y rend en carroffe à l'approche de la nuit, & la foule des carroffes & du peuple doit rendre ce fpectacle fort intéreffant. Le faubourg *Sancta Lucia* eft le quartier de *Naples* le mieux bâti, & le plus habité; il s'étend auffi jufqu'au golfe, & eft contigu au faubourg de *Chiaia* où je loge; le faubourg de *Lorette* fe trouve à l'orient en allant vers *Portici*: Ces trois faubourgs font ornés de quais fuperbes de plus de cent toifes de large; le quai du faubourg de *Lorette* eft terminé par le pont de la *Magdelaine*, fous lequel le *Sébeto* fe jette dans la mer. La Ménagerie n'en eft point éloignée; non plus que les Ecuries de la Cour, où l'on voit ces fuperbes Etalons Napolitains, qui forment cette race fi eftimée, mais dont il eft fi difficile d'en acquérir en pays étranger, vu que la fortie de tout Cheval Napolitain eft févérement défendue par les lois, & qu'il faut dépofer 200 fequins fi feulement on entreprend un petit voyage hors du Royaume de Naples fur un Cheval Napolitain, lefquels 200 fequins appartiennent au Fifc fi le Cheval n'y retourne plus. Le faubourg *St. Antoine* eft un des plus grands de *Naples*, & renferme de belles Rues; le 5ème faubourg eft celui *delle*

Virgine, *des Vierges*, & s'étend fur les hauteurs vers le nord. La Ville de *Naples* a près de quatre cent mille habitans, dont 15000 *Lafaroli* couchent dans les rues; elle n'eft entourée que d'une fimple muraille; elle a feize Portes toujours ouvertes. Trois forts Châteaux peuvent fervir à fa défenfe: l'un eft le Château de *l'Œuf*; ce Château bâti dans le même endroit où étoient la Maifon & les délicieux Jardins de *Lucullus*, n'étoit ci-devant qu'un Palais que *Guillaume I*, Roi de *Naples* & de *Sicile*, fit élever fur un rocher au milieu de la mer; on en a fait un fort. L'autre eft le Château *Neuf*, forterefle affez confidérable fur le bord de la mer; on y voit un grand Arfenal qui contient des armes pour équiper cinquante mille hommes. Le 3ème eft le Château de *St. me*, régulièrement fortifié & qui domine toute la Ville. On a fait auffi une efpèce de forterefle de la Tour des Carmes; elle commande le Marché, grande place nommée *il Mercato*, ci-devant le rendezvous de tous les féditieux. Après la révolte de *Mafaniello*, qui s'étoit emparé de cette place, le Gouvernement en a reconnu l'importance, & l'a fait fortifier; on y entretient une petite garnifon capable de retenir les mutins en cas d'une fédition parmi le peuple.

Le Port de *Naples* eft auffi défendu par quelques fortifications qui furent augmentées d'un petit fort ou mole nommé *Bracio Nuovo*, depuis la visite que lui fit l'Amiral *Byng*, commandant d'une Flotte Angloise; visite aussi inattendue que désagréable, qui força le Roi de signer la neutralité, sans lui laisser même le temps d'assembler son conseil.

Toutes les rues de *Naples* sont pavées de larges pierres qui ressemblent à la lave du Véfuve; on y voit nombre de grands Palais dont peu cependant peuvent se glorifier d'une architecture régulière.

Vous verrez d'après cette longue Lettre, que j'ai déjà parcouru le local de *Naples*, depuis ces quatre semaines que je m'y trouve, & je compte de m'arrêter plusieurs mois encore dans ce délicieux séjour.   Adieu.

De Naples.

LETTRE XXIII.

Quoique je sois ici dans une saison où la plupart des Seigneurs que leurs Charges ne fixent point en ville habitent leurs Campagnes, l'arrivée de l'Archiduchesse *Christine*, Sœur de la Reine de *Naples*, avec le Prince *Albert de Saxe*, son Epoux, a réuni toute la Noblesse Napolitaine; elle est fort nombreuse; & comme beaucoup de Seigneurs jouissent d'un revenu immense, les assemblées de la Noblesse sont très-brillantes, mais aussi très-bruyantes; il est inconcevable à quel point les Personnes du beau monde y donnent un libre essor à leurs poumons, on diroit, en les entendant crier, que tout le monde est sourd à Naples: J'ai remarqué qu'après *Turin & Milan*, où il règne un ton comme en France & en Allemagne, les voix deviennent toujours plus criardes à mesure qu'on avance en Italie; elles s'élèvent fort haut à Florence, on crie beaucoup à Rome, & les conteurs Napolitains sont autant de *Stentors* qui auroient pu servir de crieurs à *Homère*: ils pourroient cependant ménager d'autant plus les ressorts de leur poitrine, que la plupart sont si grands pantomimes, qu'on les comprendroit à leurs gestes, fi même on ne les entendoit pas; d'ailleurs les Sociétés me paroiſſent beaucoup plus gaies ici qu'à *Rome*; notre Miniſtre, le Comte *de Wildzeck*, digne d'être l'ami d'un Comte *de Firmian*, qui m'a particulièrement recommandé à ſes bontés, m'a introduit dans les meilleures Maiſons de *Naples*. Le génie Napolitain eſt fécond en réparties vives, & en ſaillies agréables : On trouve ici beaucoup de gens d'eſprit, & nombre de belles Dames; le ſang cependant eſt plus beau dans la claſſe des Bourgeoiſes que dans la Nobleſſe. La Maiſon du Chevalier *d'Hamilton*, Miniſtre d'Angleterre, & celle de Lady *Oxford*, Dame Angloiſe, ſont des maiſons que je fréquente plus encore que celles des Napolitains. On trouve chez le Chevalier *Hamilton*, outre la réunion d'une ſociété charmante, l'aſſemblage des talens, de la douceur & de l'aménité qui caractériſent perſonnellement Lady *Hamilton* ſon Epouſe, & le Chevalier eſt un génie trop renommé par ſes écrits & par ſa vaſte érudition, pour ajouter autre choſe à ſon portrait, ſinon qu'il eſt auſſi honnête que ſavant. Il m'accompagna pour la montée du *Véſuve*, trajet qui lui eſt auſſi connu que ſon Cabinet même. Je ne vous dirai rien de ce Volcan, pour ne point répéter ce que tant d'autres en diſent; les deſcriptions en faites par le Chevalier *d'Ha-*

milton paſſent pour les meilleures de toutes; & ſes remarques ſur les Volcans ſont, ſelon l'avis de pluſieurs, beaucoup ſupérieures à celles du célèbre Comte *de Buffon*. Lady *Oxford*, Dame d'un certain âge, attire beaucoup de gens d'eſprit dans ſa maiſon; le fameux abbé *Galliani* en fait le principal ornement; ce génie napolitain eſt auſſi connu à *Paris* par ſes charmantes ſaillies & la vivacité de ſon eſprit, que par ſes jolis & très-plaiſans écrits ſur le Blé, ſur la Finance, & autres; il ſemble créé pour faire les délices de la ſociété. Littérateur auſſi profond qu'homme du monde agréable, ſon eſprit pétille ſans ceſſe, & je puis dire que peu de Gens de Lettres m'ont paru auſſi intéreſſans & auſſi amuſans que lui. Il travaille à ſes ouvrages au lit, ainſi que *Deſcartes*; & ſa porte eſt toujours ouverte pour ſes bonnes connoiſſances. Sa coutume eſt d'être tout nu dans ſon lit, & ſouvent la tête cachée ſous ſa couverture, & c'eſt alors que ſon génie poëtique ſe déploye: Quand il voit quelqu'un, il endoſſe une grande *vildeſchour, pour avoir*, dit-il, *poil contre poil*, & donne alors audience. Auſſi galant & tendre qu'*Ovide* & *Chaulieu*, les Belles l'occupent plus encore que les Muſes, & ſes ſens paſſent pour être auſſi vifs que ſon eſprit. Je ne vous parle autant de l'Abbé *Galliani* que parce que je ſais que la renommée a fait par-tout les juſtes éloges de ſon rare génie; il n'y a pas même juſqu'à un petit ſinge qu'il a toujours près de lui, qui ne ſoit devenu fort célèbre & dont on cite encore mille traits à Paris. L'eſprit de ce ſingulier Abbé me rend la ſociété de Lady *Oxford* encore plus intéreſſante.

J'eus l'honneur d'être préſenté à la Cour. Le Roi eſt fort aimé de ſes Peuples ainſi que des Grands, ſurtout depuis qu'il a ſecoué le joug que le Marquis T..., premier Miniſtre, avoit voulu lui impoſer. Il eſt paſſionné pour la chaſſe & pour l'exercice militaire; je l'ai vu majoriſer lui-même en commandant le Régiment des Cadets, & des *Liparottes*. Ce Prince paſſe en général pour avoir le meilleur cœur du monde, & pour chercher à s'inſtruire en tout genre; en quoi la nature l'a ſans doute mieux ſervi que ceux à qui ſon éducation étoit confiée, qui n'avoient cherché qu'à lui donner de l'éloignement & du dégoût pour les affaires ſérieuſes. La Reine, qui réunit l'eſprit & les talens aux grâces & à la beauté, eſt bien digne d'avoir place dans le Conſeil, dont l'ambition du Miniſtre avoit cherché à l'éloigner. Parmi les beaux Bâtimens qui décorent la Ville de *Naples*, il eſt à ſuppoſer que les Palais du Roi tiennent la première place. Le Roi de *Naples* y a deux Palais. L'un nommé *Capo di Monte, te*, de la montagne où il eſt bâti, eſt délicieux par ſa ſituation & par la fraîcheur & la ſalubrité de l'air; on y voit de ſuperbes Tableaux que *Don Carlos*, héritier de la maiſon de *Farnèſe*, a fait tranſporter de *Parme* à *Naples*. L'autre Palais, qui ſe nomme *Regio Palazzo*, eſt ſitué dans le voiſinage de la mer; ce Palais communique au Château neuf par une galerie couverte; on y a élevé une longue terraſſe toute pavée de marbre, d'où l'on a la vue ſur la mer. Au bas ſont la Fabrique des Galères, la Fonderie des Canons, & l'Arſenal. Ce Palais fut bâti par Pierre de *Tolède*, Vice-Roi de *Naples*. Le Comte de *Lémos*, qui étoit Vice-Roi de *Naples* l'an 1600, y fit ajouter un autre Bâtiment qui offuſque le premier, n'y ayant point obſervé un plan égal; la Grande Place où ſe termine la rue de Tolède, environne le Palais. Les Aſſemblées, les Promenades du ſoir, les Courſes de chevaux, & les Spectacles, ſont les principaux amuſemens de Naples. Le Théâtre de *St. Charles* eſt ſuperbe & paſſe pour le plus beau de l'Italie; on ne ſauroit imaginer un coup d'œil plus admirable que lorſque ce grand Théâtre, tout orné de glaces, eſt entièrement illuminé; je le vis tel à l'occaſion d'un Bal donné en l'honneur de l'Archiducheſſe. J'ai vu auſſi deux Courſes de Chevaux, leſquelles font fort en vogue à *Naples* : elles fe font dans la rue de *Tolède*. Les Chevaux Napolitains firent la première Courfe, & la comparaifon que j'en fis avec celle des Chevaux Anglois à *Newmarcket*, ne fut point avantageufe pour celle des Chevaux Napolitains. La Courfe des Chevaux Barbes & Turcs me fatisfit davantage, tant par leur vîteffe que par leur rare beauté; d'ailleurs cette Courfe devient fingulière par la rivalité des Chevaux entre eux-mêmes pour arriver les premiers au but. Ces Chevaux font abandonnés à eux-mêmes fans aucun guide, des rangées de Soldats qui occupent tout le long de la rue, les empêchent de s'en écarter. La préfence de l'Archiducheffe *Chriftine* m'offrit auffi l'avantage d'entrer dans le *Sanctuaire* des Nonnes, fuperbe Monaftère de *Ste. Claire*, qui fut fondé au quatorzième fiècle par le Roi *Robert*, & la Reine *Sanche* fon époufe; cet établiffement eft pour trois cents Nonnes qui doivent toutes être de naiffance; chacune y a deux Filles ou Sœurs laies pour fon fervice, de forte que le nombre des Vierges eft ici de 900. La Reine étant entrée dans l'intérieur du Couvent avec l'Archiducheffe, & les perfonnes de fa Cour, tous les Ambaffadeurs & Etrangers de diftinction eurent auffi la liberté de pénétrer dans le Couvent; je profitai de l'occafion pour voir toutes les Cellules de cette belle Maison, ainsi que nombre de jolies Nonnettes qu'on y renferme. Le Nonce du Pape étoit le seul qui ne fut point de la fête, en alléguant que jamais pareilles visites ne se passoient sans quelques petits scandales; mais comme la destinée du Royaume de Naples ne dépend point d'une Nonne de *Ste. Claire*, comme jadis celle de la France de la fameuse *Jeanne d'Arc*, le mal n'est pas aussi grand qu'on le pense. Si même quelques-unes de ces saintes ouailles se fussent égarées en ce jour, le nombre de 897 ou de 898 Vierges formeroit toujours un bien rare assemblage sous un même toit. Le Jardin de ce Couvent est très-agréable; l'Eglise est superbe & si richement décorée qu'elle ressemble plutôt à une Salle de Festins qu'à une Eglise. Quoiqu'après avoir vu les Eglises de Rome, les autres ne puissent plus causer la même admiration, il y en a cependant de très-belles à Naples, où le nombre des Eglises & des Couvens est infini; les Dominicains seuls en ont quatorze; le principal, nommé *San Dominico maggiore*, renferme dans une Chapelle le Crucifix qui adresse à *St. Thomas d'Aquin* ces paroles dont les Dominicains s'énorgueillissent. *Benè scripsisti de me, Thoma.* L'Eglise de *St. Philippe de Néry* est une des plus belles de *Naples*, tant par sa Sculpture, ſes Colonnes & autres ornemens, que par pluſieurs beaux Tableaux.

L'Egliſe de *Geſu nuovo* eſt bâtie ſur le modèle de celle de *St. Pierre*. Quant à l'Egliſe des Chartreux, ſituée ſur le mont de *St. Elme*, près du fameux *Belvedere*, dont je vous ai déjà parlé, ſa ſituation eſt ſi agréable, les marbres, les ornemens & les pierreries y ſont ſi multipliés, la Chambre du Prieur eſt ſi belle, & décorée de tant de beaux Tableaux & autres curioſités, qu'un Souverain pourroit envier cette demeure. Enfin l'Egliſe Cathédrale, dédiée à *St. Janvier*, le Patron de Naples, eſt la plus vaſte & la plus riche de toutes; elle a été bâtie ſur les ruines d'un Temple d'*Apollon*; on y voit 110 Colonnes de granit; au deſſous du Chœur eſt une petite Chapelle qu'on appelle *Socorpo*, le corps de *St. Janvier* y repoſe. La voûte en bas-relief de forme arabeſque, eſt ſoutenue par deux colonnes de granit qui ſont encore des reſtes de l'ancien Temple d'*Apollon*; les Chanoines de l'Egliſe Cathédrale à la tête deſquels eſt l'Archevêque, ſont au nombre de trente & jouiſſent des plus grandes prérogatives, la Chapelle de *St. Janvier* eſt la plus ornée & la plus riche qu'on puiſſe voir, c'eſt là que ſe conſerve le *Sang de St. Janvier*; ce ſang renfermé dans un verre, eſt très-dur & ſolide, & ſe liquéfie deux fois tous les ans en préfence de tout le peuple fuperftitieux de *Naples*; peuple auffi rude & farouche, que le climat eft doux & agréable; ce peuple femble avoir beaucoup plus de refpect pour le Saint que pour Dieu même; il n'y a point d'excès qu'il ne commettroit, fi le miracle ne fe faifoit point, il fe croit même menacé de tous les malheurs pour peu qu'il tarde à paroître; alors il pouffe des hurlemens épouvantables, & s'écrie, *San Genaro, fa prefto Chrifto prega San Genaro di far il miraculo.* Si ces gens voient quelques Etrangers à l'Eglife, ils les prennent tous pour des Anglois; il y en a toujours beaucoup à Naples; & ils s'imaginent que c'eft par leur préfence que le miracle ne s'opère point; alors ils font capables de les déchirer en pièces. Il y a plufieurs années que deux Etrangers, quoique bons Catholiques, furent les victimes de cette fureur. Le fameux *Wilkes* s'y trouvant auffi il y a quelques années, manqua d'y périr; déjà on crioit de l'affommer quand pour fon bonheur le miracle fe fit; & la populace fut appaifée. Il y a plufieurs Cavaliers de la première naiffance qui préfident à la fête; ils me prièrent d'y affifter; on eut la politeffe de me faire monter jufqu'au marche-pied de l'Autel, où étoit l'Archevêque tenant le Sang, pour que je puffe voir parfai-

P iij

tement. J'étois près du Baron de *Gleichen*, ci-devant Ministre de *Danemarck* à *Paris*, & de la Religion Protestante. Le miracle tarda à paroître; l'Archevêque tourna & retourna la fiole entre ses mains; déjà le peuple jetoit des cris; déjà je commençois à étaler à ces furieux un grandissime Rosaire, voyant que ma chevelure blonde me trahissoit pour un Etranger, lorsque le miracle s'acheva. Je me garderai de faire un jugement téméraire à ce sujet; mais autant que le peuple est attaché à ce miracle, autant la plupart des Seigneurs Napolitains y croient peu; cependant il y en a quelques-uns des premiers d'entre eux qui jureroient de la réalité; mais ce qu'il y a de particulier, c'est qu'on s'en moque publiquement à *Rome*, & qu'on le traite de tromperie; j'en parlai avec plusieurs Cardinaux & Evêques, qui me dirent que cela les avoit scandalisés étant à *Naples* & que le Gouvernement devroit l'interdire : Quoi qu'il en soit, ce jour est intéressant, ne fut-ce que pour le bruit de la populace. Le Peuple Napolitain, quoique farouche, est cependant aisé à gouverner; pendant ce temps de famine où plus de trente mille personnes moururent de faim, on n'entendit aucune plainte : Jadis opprimés sous les Vice-Rois, & appauvris par la somme des Impôts qui sortoit annuellement du Royaume, ils se sont livrés à de fréquentes révoltes; on voit un livre intitulé: *Relazioni della quarantesima Rebellione della fidelissima Cita di Napoli*; car la Ville de Naples prend le titre de *Ville très-fidelle*. Le peuple & les grands sont fort attachés au Gouvernement actuel, & leur Roi résidant parmi eux, fait circuler dans le Royaume la somme des Impôts qu'il en retire. Les revenus de la Couronne ne sont pas aussi considérables qu'ils pourroient l'être, si l'on tiroit avantage de la situation favorable de Naples & de la Sicile, pour former un Commerce plus étendu & plus lucratif; & si plusieurs des Domaines Royaux n'étoient point aliénés: Des personnes qui avoient quelques connoissances dans le maniement des affaires, m'ont assuré que le Roi ne retiroit pas douze millions des deux Royaumes. L'Etat Militaire consiste en 36 Régimens d'Infanterie, & 9 de Cavalerie & Dragons; tous ces Régimens ne composent pas les trente mille hommes; la Cavalerie est superbement montée sur des Chevaux Napolitains. Le Gouvernement de l'Etat se régit en quatre Départemens: on traite dans le premier des affaires du Royaume & des Domaines du Roi; dans le second, de la Guerre & de la Marine; dans le troisième, de la Justice & des affaires Ecclésiastiques; & dans le quatrième, de la Finance & du Commerce. On doit juger par le nombre & la richeſſe des Avocats qui ſe trouvent dans le Royaume, que les procès y ſont très-fréquens, & que la Juſtice y eſt lente & difficile : Le premier Tribunal de Juſtice, qui juge en dernier reſſort de toutes les affaires civiles & criminelles, ſe nomme la *Chambre Royale de Ste. Claire*. Toutes les informations contre les coupables ſe font en public. Il eſt fort plaiſant d'entendre plaider les Avocats Napolitains; parmi mille arlequinades, ils diſent ſouvent de fort bonnes choſes. Les procès pour divorce n'y ſont plus auſſi fréquens qu'autrefois; les Maris ſont devenus aſſez complaiſans & débonnaires, ſurtout parmi le beau monde; les *Sigisbées* ſont beaucoup plus incommodes pour un Etranger que ne le ſont les Maris; ces *Sigisbées* ſemblables au *Chien du Jardinier*, veillent de près à l'honneur de leurs Dames, plus par vanité que par ſentiment; n'étant guère amans favoriſés, on a d'autant plus de plaiſir à les tromper qu'on y eſt même encouragé par la certitude que le beau ſexe Napolitain eſt fort prévenu pour les Etrangers, ſurtout pour les Anglois & les Allemands; la plupart des Demoiſelles ſe mariant fort jeunes & leur goût n'étant point conſulté pour le don de leur main, il eſt très-naturel que la galanterie & les intrigues amoureuses soient fort communes à *Naples*. D'ailleurs la douceur du climat, l'air brûlant & soufré qu'on y respire, les sites délicieux que la nature y offre de toute part, tout concourt à inspirer la volupté & à donner plus d'effervescence à l'ame; les sens s'y développent plus vîte & plus fortement qu'ailleurs. *Martial* dit en parlant des délicieux environs de *Baies*, près de *Naples*, que *l'air qu'on y respire est si voluptueux, si favorable à l'amour & contraire à la sagesse, que si l'on y mène une Lucrèce, elle en repartira comme Hélène*.

La Napolitaine n'aime point par mode, par ton, ou convenance, comme la plupart des Françoises; toutes les affections de l'ame se concentrent chez elle dans l'amour; elle y met la félicité suprême & tout le bonheur de sa vie. Ce n'est point une petite Maîtresse qui joue l'esprit avec son doucereux, c'est *Phèdre* qui brûle pour *Hippolyte*; & l'empire des sens triomphe encore sur celui de *St. Janvier*; car le beau sexe est aussi fort dévot à *Naples*.

La volupté perce jusqu'à travers les grilles qui renferment les Vestales; les Couvens des Nonnes y sont remplis d'intrigues, & l'amour cherche à consoler ces malheureuses victimes de perdre les douceurs de la liberté à un âge où elles ne connoissent point les vœux qu'elles prononcent.

Finissons cette Lettre par la triste réflexion que le mêlange des maux se trouve par-tout dans celui des biens : Pourquoi des contrées aussi heureuses, des contrées tant embellies par la nature, qui ne semblent créées que pour les délices de l'amour, doivent-elles partager aussi complettement la funeste contagion provenue de l'Amérique ? Pourquoi la nature qui y rend tous les sens aussi avides de jouir, a-t-elle empoisonné ces bienfaits dans la source même du bonheur ? Si pour résoudre ces contradictions, il faut s'écrier avec le Docteur *Pangloss*, *que tout est bien dans le meilleur des mondes possibles!* chaque Etranger agira cependant très-prudemment en tâchant d'éviter le même bien-être. Adieu.

De Naples.

LETTRE XXIV.

C'est en relisant *Horace* & le sixième livre de l'Enéide de *Virgile*, que je trouve la peinture la plus touchante du charmant Pays que j'habite. Je parcours tous les matins les délicieux environs de *Naples*, & mon *Virgile* en main me donne encore la plus douce illusion, en ajoutant au plaisir de la vue le souvenir de toutes les merveilles que les Anciens attribuoient à ces contrées. La Ville de *Naples* est fort ancienne & portoit autrefois le nom de *Parthenope*. Une des Sirènes qui cherchèrent de tenter *Ulisse* par les charmes de leurs voix & qui s'étant enfui honteuse de n'avoir pu réussir, fit naufrage sur les rives de la mer *Thyrrénienne* & y fut enterrée; son Tombeau fut trouvé près de *Naples* dans l'instant qu'on bâtissoit la Ville, & on lui donna le nom de la Sirène. On voit que l'origine de ce nom est fabuleux, mais cette Ville, sous le nom de *Parthenope*, étoit fameuse chez les Romains. *Horace* & *Virgile* l'ont chantée. En général, toute cette terre de Labour, autrefois appelée *Campanie*, étoit le Pays de délices des Romains; c'eft dans ce délicieux féjour qu'ils fe livroient à toutes les voluptés. Les environs de *Naples* font d'une aménité qu'il eft plus aifé de fentir que de dépeindre. Je vous parlerai encore du *Paufilype*, près duquel je loge. *Paufilype* fignifie en grec ceffation de trifteffe, nom qui lui convient très-fort. Cette montagne couverte de verdure toute l'année, forme le coup d'œil le plus riant que l'on puiffe s'imaginer; on y voit une quantité de jolies Maifons; les Promenades font toujours fraîches; les arbres y garantiffent de la grande chaleur; c'eft là le rendez-vous en été de toute la ville de *Naples*; on y fait de jolis foupés; enfin les Italiens font tellement épris eux-mêmes de la beauté de cet endroit, qu'il eft appelé depuis long-temps un *Pezzo di Cielo caduto in Terra*. C'eft fur cette montagne qu'eft le Tombeau du fameux *Virgile*. J'aime à me repofer près du Laurier qui eft au haut de fa Tombe, de ce Laurier qui, felon la fable, crut de lui-même dès que les cendres du Poëte célèbre y furent dépofées. C'eft alors que mon ame fe livre aux doux délires de l'imagination & de l'enthoufiafme. La Grotte du Paufilype eft un des objets les plus curieux. C'eft un chemin fous-terre percé dans le roc qui traverfe la montagne à fa bafe dans toute fon épaiffeur; ce chemin eft de neuf cents soixante pas & est le seul chemin pour sortir de *Naples* au midi & au couchant. Le jour entre par les deux bouts de l'ouverture, & il y a encore quelques ouvertures qu'on a percées partout le haut de la montagne; nonobstant lesquelles cette route est assez obscure vers son milieu, & dès que le soleil est baissé, on ne peut la traverser qu'avec des flambeaux. Cette Grotte a par-tout dix-huit ou vingt pieds de largeur, de sorte qu'on peut y passer, deux carrosses de front, sans incommoder les gens à pieds; sa hauteur n'est point exactement égale; elle est plus haute du côté de *Naples* que de l'opposé; elle auroit en général aux environs de quarante pieds de hauteur. On ne sait à qui on doit l'entreprise de ce chemin; le sentiment commun est pour *Marcus Cocceius*, un Romain autorisé dans ce pays; les Vice-Rois de *Naples* le firent élargir & le mirent dans l'état où il est présentement. Comme je loge près du *Pausilype*, je passe tous les jours cette Grotte pour aller dans les superbes environs de *Pouzzols*, de *Baies*, de *Cumes*; & quoique j'admire la surprenante construction de ce chemin, je désirerois de ne pas l'avoir à mon passage; le froid subit que l'on respire dans ce souterrain, après la chaleur qu'on a éprouvée en se promenant dans un climat aussi chaud que *Naples*, est du moins très-désagréable, si non nuisible à la santé. Aux environs d'une demi-lieue de la Grotte, se trouve le lac d'*Aguano*, où l'eau bouillonne quoiqu'elle soit toute froide. A quelques cents pas de là, est la fameuse *Grotte du Chien*, haute de huit pieds, large de quatre & profonde de dix. Il s'élève dans cette Grotte des vapeurs qui sont mortelles pour peu qu'on ait la tête contre terre ; cette Grotte s'appelle la *Grotte du Chien*, parce que c'est toujours sur des Chiens qu'on fait l'expérience de cette vapeur. Le Chien qu'on y plaça lorsque j'y étois, ne fut pas un moment couché, la tête contre terre, qu'il se débattit & poussa des cris terribles ; un instant après il resta étendu sans plus donner de signe de vie ; il seroit mort sur le champ si on n'eut été prompt à l'en retirer ; à peine fut-il quelque moment en plein air, qu'il recouvrit son premier bien-être sans ressentir aucune incommodité. Cette Grotte est toujours humide, le flambeau s'y éteint à l'instant & la poudre à tirer n'y prend point feu. La fumée du flambeau ne peut point s'élever jusqu'au haut de la Grotte & semble comme nager sur la surface, ce qui prouve que l'air n'y a aucune action & y perd tout son ressort ; c'est là la raison pour laquelle aucun animal ne peut y rester sans perdre la vie ; ce sont les mêmes effets que ceux de la Machine

Pneumatique ; auffi a-t-on remarqué que les Animaux qui pouvoient refter long-temps dans cette Machine, vivoient de même plus long-temps que les autres dans cette Grotte. L'effet de cette vapeur eft donc d'empêcher l'action de l'air. Plufieurs naturaliftes ont cru que ces vapeurs étoient *arfenicales*, mais le même chien qu'on y jette trois ou quatre fois par jour durant plufieurs années, & qui nonobftant fe porte à merveille, prouve qu'elles ne font point envenimées. De plus on donna du pain trempé dans cette vapeur à des Poulets fans qu'ils en reffentiffent aucun mal, ce qui prouve qu'elle n'eft point arfenicale. Enfin on a découvert de nos jours que cette vapeur étoit de l'*air fixe*, & l'on trouve dans les ouvrages du *Chevalier Hamilton* les expériences que le Docteur *North* a faites à ce fujet. On raconte que *Pierre de Tolède*, Vice-Roi de Naples, y fit enfermer deux criminels, qui y périrent très-promptement. A très-peu de diftance de la Grotte du Chien, font les Etuves de *San Germano*. Il y a quatre Pièces ou Chambres différentes, dans chacune defquelles on éprouve un dégré de chaleur différent. Cette chaleur provient de la fumée de foufre qui fort de terre & que l'on conduit par des canaux dans ces chambres ; ceux qui fouffrent de rhumatifmes fe mettent dans des fosses où tout le terrain au dessous d'eux est soufré, & toute la chambre remplie de fumée soufrée. On ne peut pas rester quelques minutes dans ces chambres sans suer, la chaleur y étant de quarante dégrés du Thermomètre de Reaumur. On prétend que ces Etuves sont excellentes pour les rhumatismes & les maux de poitrine ; les Poumons s'y dilatent considérablement. Tous ces environs du lac d'*Aguano*, quoique délicieux, sont inhabitables pendant l'été, à cause du chanvre qu'on fait rouir dans le lac, & qui infecte l'air dans tout le voisinage même jusqu'à *Pouzzols*.

Nulle perspective plus agréable que la vue près de *Pouzzols*; on voit la mer aussi loin que l'œil peut porter, & la mer baigne les murs de *Pouzzols*; on voit distinctement les îles de *Procita* & d'*Ischia*, le cap de *Misène*, les restes du Pont de *Caligula* & les plus beaux Paysages tout le long du golfe de *Baies*.

La Ville de *Pouzzols*, beaucoup plus étendue autrefois qu'elle ne l'est présentement, doit son origine aux Grecs. Cette Ville paroît avoir beaucoup souffert des tremblemens de terre, qui désolèrent tout ce beau pays ; le bourg de *Tripergole*, à un quart de lieue de *Pouzzols*, en fut entiérement englouti, de sorte qu'il n'en reste absolument plus aucun vestige. Ce terrible fible tremblement de terre arriva pendant la nuit, il s'éleva dans l'endroit même une flamme prodigieuse fortant de deffous terre & jetant en l'air une quantité de fable, & de pierres ardentes. La mer fut fi agitée de ces fecouffes qu'elle couvrit tout le lac *Lucrin*, dont il ne refte plus rien préfentement; ce fameux lac *Lucrin*, où les Anciens engraiffoient les poiffons & les huîtres. Ce terrible phénomène dura vingt-quatre heures, durant lefquelles il fortit de terre cette montagne qu'on appelle *Monte Nuovo* & qui fut formée dans l'efpace d'une nuit; j'ai vu cette montagne, dont tout le Terrain eft femblable aux laves du *Véfuve*, & prouve fa trifte origine.

Tous les Habitans de *Tripergole* périrent & ceux de *Pouzzols* furent fi effrayés qu'ils s'enfuirent à Naples; ce ne fut qu'avec beaucoup de peine qu'on put les engager à retourner chez eux. On voit à *Pouzzols* les reftes du Temple de *Sérapis*; le Roi *dom Carlos* fit transporter la plupart des fuperbes Colonnes de marbres qu'on y trouva à fon Château de *Caferte*. A la droite de *Pouzzols* fe trouve la *Solfatarre* ou Montagne de Soufre; on croit que c'étoit anciennement un volcan, qui, à force d'éruptions, s'écroula & perdit tout fon fommet. Cela forme préfentement un large baffin tout

Q

entouré de montagnes d'où il sort continuellement une fumée de soufre; on sent cette fumée déjà à un quart de lieue de distance; dans la Solfatarre même l'odeur du soufre est prodigieuse, surtout quand on s'approche du foyer, qui est une large ouverture ou gouffre dont il sort une fumée noire & épaisse toute de soufre. Les personnes attaquées de la poitrine louent des quartiers à *Pouzzols* & se promènent dans cette Solfatarre, montées sur des ânes; l'air soufré qu'on y respire doit être le meilleur spécifique pour tous les poitrinaires; j'y vis une Dame Angloise se promenant avec assez de force qui trois semaines auparavant y étoit venue mourante & abandonnée de tous les Médecins.

Tout le terrain de la Solfatarre est creux, à chaque pas que l'on fait, on entend raisonner la terre sous ses pieds; en y jetant une pierre on entend sa chute sous terre à plus de cinq cents pas d'où elle est jetée; par-tout où l'on creuse, ne fut-ce qu'avec la main, il sort de la terre une fumée de soufre, & le sable y est si chaud qu'on ne peut pas le tenir en main sans se brûler. Je m'embarquai sur mer à *Pouzzols*, pour aller le long des côtes de *Baies* : c'est là que l'on voit en premier lieu le lac *Averno*, qui passoit chez les Anciens pour le chemin de l'entrée aux Enfers. C'est au dessus de ce lac que l'on prétendoit qu'aucun oiseau ne pouvoit s'élever sans périr à l'instant ; c'est là que l'on sacrifioit aux Dieux infernaux. On voit encore près de ce lac les restes d'un Temple antique, tout de briques, en forme ronde. Vis à vis de ce Temple se trouve la fameuse Grotte de la *Sibylle* de *Cumes*, qui est telle que *Virgile* l'a décrite ; elle est environnée d'une épaisse forêt ; c'est par là qu'*Enée* descendit aux Enfers, accompagné de la Sibylle qui lui servoit de guide. *Virgile* décrit le *lac d'Averno* en ces termes : *Au milieu d'une ténébreuse forêt, & sous d'affreux rochers, est un Antre profond environné des noires eaux d'un lac. De sa large ouverture s'exhalent d'horribles vapeurs & les oiseaux ne peuvent voler impunément au dessus. De là vient que les Grecs ont donné le nom d'Averno à ce lac funeste.* Je descendis dans la même Grotte, qui par son obscurité & sa profondeur, a réellement l'air d'une entrée des Enfers ; on ne peut y aller qu'à la lumière des flambeaux. On croit que cette Grotte étoit autrefois un passage semblable à celui de la Grotte du *Pausilype* pour venir de *Cumes* au lac d'*Averno* ; le temps a comblé ce passage ; on y voit encore les Bains de la *Sibylle*, & l'endroit où la *Sibylle* rendoit ses oracles. A une demi-lieue de là sur la droite, se trouve le fameux coteau de *Falerne*, tant chanté par *Horace* pour la bonté de ses vins ; j'en bus à l'endroit même & le trouvai d'une assez bonne qualité ; peut-être que si on le conservoit aussi long-temps que du temps d'*Horace*, il seroit encore de la même bonté. Plus loin, du côté de *Baies*, se trouvent les *Bains* de *Néron*, qui font une source d'eau chaude ; le chemin pour aller à la source est si chaud qu'on ne peut y faire quelques pas sans être couvert de sueur ; aussi m'en retirai-je très-promptement. Le golfe de *Baies* est encore parsemé de ruines occasionnées par le tremblement de terre. C'est sur ces rives que l'on voit les restes des maisons de délices de *César*, de *Pompée*, de *Néron*, de *Sylla*, de *Marcus* ; car c'étoit là que les Romains venoient se délasser de leurs travaux ; c'étoit là le pays qu'ils préféroient à tous les pays du monde. *Ciceron* dit : *Nullus in orbe locus Bayis prælucet amœnis. Nul endroit au monde ne peut surpasser Baies en agrément.* L'hiver est ignoré dans cet heureux climat, & la nature y produit presque tout d'elle-même sans aucune culture, les figuiers croissent dans les champs, & on mange de ce fruit au mois d'Avril. On voit près de ces rivages les restes d'un Temple consacré à *Vénus*, dont la moitié est fort bien conservée ; les restes d'un Temple de *Mercure*, comme aussi de celui de *Diane*.

Après avoir passé le cap de *Baies*, on vient au Village de *Bauli*; ce fut près de là que *Néron* voulut faire noyer sa Mère *Agrippine*, & qu'il la fit assassiner quelques jours après; le Tombeau d'*Agrippine* se voit aussi dans ces mêmes lieux. C'est près de *Bauli* que se trouve l'*Achéron* appelé aujourd'hui *Lac Fusaro*; c'est là cet *Achéron*, fleuve qui menoit aux Enfers selon les Fables des Anciens; c'est là que résidoit le Batelier *Caron* qui menoit les ames aux Enfers. De l'autre côté se trouvent les Champs Elisées, ou le Paradis des Anciens; Paradis terrestre encore de nos jours. On croit que c'est des environs de Naples, & de tous les Phénomènes que la nature y produit, que sont provenues toutes les Fables de la Mythologie des Anciens. C'est auprès de la Solfatarre qu'*Hercule* défit les Géans. L'Antre de la *Sibylle*, le lac d'*Averno*, l'*Achéron*, les Champs Elisées, toutes ces Fables dont parle *Ovide*, proviennent presque toutes des environs de *Naples*.

De l'autre côté de *Naples*, c'est-à-dire du Levant, se trouve *Portici*, Château de Plaisance du Roi, de même que les Maisons de la plupart des Personnes attachées à la Cour, ce qui forme de *Portici* une petite Ville dont la situation est tout à fait agréable, mais dangereuse, vu la proximité du Vésuve, se trouvant presqu'aux pieds de ce redoutable Volcan. Le Château de *Portici* n'a rien de fort intéressant, ni pour l'architecture, ni pour ses décorations intérieures, excepté le superbe Cabinet d'Antiquités formé des Pièces trouvées dans les ruines de *Pompeia*, d'*Herculanum* & autres. On trouve dans ce Cabinet tous les Monumens anciens, utiles à l'histoire & dignes d'intéresser un Amateur.

Auprès de *Portici*, ou en partie sous *Portici* même, est la Ville d'*Herculée* ou *Herculanum*, couverte de la lave du Vésuve l'an 69 de l'ère chrétienne : ce fut dans cette terrible éruption que Pline l'ancien fut étouffé par la fumée du Vésuve, en voulant considérer l'éruption. On croit que la plupart des habitans d'Herculée eurent le temps de se sauver, puisqu'on n'a trouvé qu'une vingtaine de cadavres ensevelis sous les laves. La plupart des Statues antiques ont été conservées en entier, de même que les Peintures, dont la plupart sont déposées présentement dans le Cabinet de Portici. La Ville d'*Herculée* fut retrouvée en 1736 par le Duc d'*Elbœuf*, lequel logeant à *Portici* & voulant faire creuser un Puits près de sa maison, y découvrit des Colonnes & plusieurs Statues ; il céda ce terrain au Roi, lequel faisant fouiller plus en avant, découvrit la Ville d'*Herculée*, qui selon les Inscriptions qu'on y trouva, fut fondée par *Hercule* l'an 1342 avant l'ère chrétienne ; cette Ville étant située sous *Portici* même, ne peut être entièrement découverte, vu qu'en y creusant on feroit crouler la ville de *Portici* ; cette crainte a fait combler de nouveau tout le terrain qu'on avoit déjà ouvert.

A une lieue de *Portici* se trouve la Ville de *Pompeia*, également couverte de la lave du Vésuve. Le Roi d'*Espagne*, étant alors roi de *Naples*, fit creuser avec beaucoup d'empressement pour découvrir cette Ville de *Pompeia* qu'on pourroit déterrer en entier sans aucun risque ; on y a déjà trouvé plusieurs Peintures à fresque, des Statues, beaucoup de cadavres ; enfin il ne s'agiroit que d'employer beaucoup d'ouvriers pour déterrer toute la Ville. Mais présentement il n'y a que quelques Paysans qui y travaillent avec beaucoup de lenteur & de nonchalance. Les environs de *Stabia* forment un paysage des plus délicieux. A quelques lieues de *Stabia* dans une route absolument écartée & déserte, se trouvent les ruines de *Pestum*, de la plus haute antiquité, & dont les superbes Colonnades subsistent encore. Comme *Pestum* est située dans un terrain absolument inculte & ignoré, cet endroit fut long-temps inconnu. Ce fut le Comte de *Firmian*, étant Miniftre Impérial à *Naples*, & le Chevalier *Grai*, Miniftre d'Angleterre, qui furent les premiers à le découvrir en fe promenant un jour à cheval de ce côté-là.

Je ne vous ferai pas un long détail de *Caferte*, quoique j'y aie été plufieurs fois; ce Château de Plaifance du Roi de Naples fut commencé par le Roi d'*Efpagne*.

Le fameux *Vanvitelli* fut l'architecte de ce fuperbe bâtiment. C'eft le plus grand & le plus beau qu'il y ait en Europe. Il s'en faut de beaucoup qu'il foit fini, le Roi d'*Efpagne* ayant fort à cœur que le Château commencé fous fon règne fut bientôt achevé, a laiffé une groffe penfion à ce fujet. Mais le Roi d'aujourd'hui n'y prenant point autant de plaifir, n'emploie qu'une partie de cette penfion pour le bâtiment, de forte qu'il ne fera point achevé de fitôt.

Je joins à ma Lettre ces Vers que la fuperbe fituation de *Naples* m'a infpirés; heureux fi je pouvois y exprimer cette douce fenfation que j'éprouve.

Vers sur la situation de Naples & de ses Environs.

Combien le jour est beau dans ce brillant lointain!
Que j'aime à contempler l'aurore renaissante,
De roses parsemer cette mer rougissante!
Que l'air est doux & pur! que le ciel est serein!
Au bruit impétueux de l'onde, qui murmure,
Quittons sans différer le duvet corrupteur;
Contemplons les bienfaits de l'auguste nature,
Et dans ce grand spectacle admirons son auteur.

Quand de l'astre du jour la belle avant-courrière,
De ses rayons légers vient effleurer la terre;
Que de riches objets, confusément épars,
Enchantent à la fois mes avides regards!
Dans ces lieux, que j'habite, au pied de mon asyle,
L'onde écume & se brise en longs mugissemens.
Je vois fuir les Vaisseaux, & le Pilote habile
Dans la voile flottante emprisonner les vents.

En vain ces monts brûlans renferment le tonnerre;
En vain l'enfer s'épuise en efforts superflus,
Et par de noirs Volcans nous déclare la guerre.
Vésuve! tes horreurs sont des beautés de plus.
Non loin de ton foyer, à jamais redoutable,
On a vu s'élever un Palais fastueux;
Au sein de la grandeur, que le goût rend aimable,
Portici, dès long-temps, semble braver tes feux.

Rien n'y flétrit les dons, que la nature étale ;
Elle semble y fixer ses riantes douceurs.
En sortant de son lit, l'Amante de Céphale
Y voit par-tout les fruits mûrir parmi les fleurs.
Borée, au front neigeux, d'une haleine inconstante,
N'y trouble point le sort de ces heureux climats ;
Le zéphyr les défend de la chaleur brûlante,
Et fidelle à leur sol, en bannit les frimats.

Heureux ! qui, par l'attrait d'une ame libre & pure,
Opposant un front calme aux volages destins,
Exempt d'ambition, Amant de la Nature,
Dans ces lieux enchantés coule ses jours sereins ;
Qui, loin du bruit des Cours, des ennuis de la Ville,
Au sein de l'amitié peut terminer son sort ;
Qui voit sans s'effrayer, l'approche de la mort....
Et rêve sur la Tombe où repose Virgile.

Au pied du Pausilype, au bord de la mer.

Je compte rester encore quelques semaines à *Naples* ; & puis, en retournant par *Rome*, & *Florence*, m'embarquer à *Livourne* ou *Lerici*, pour me rendre à *Gênes*, & passer enfin en dernier lieu mon carnaval à *Venise* ; comme ces deux Villes vous sont trop connues par les fréquens séjours que vous y avez faits, je ne pourrois que vous ennuyer par des répétitions, ou bien vous donner à reconnoître mon manque de jugement en paffant fur des objets qui ne feront point échappés à votre fagacité ; je veux donc finir mes defcriptions fur l'Italie par cette Lettre-ci, heureux fi vous n'avez point trouvé encore que j'aurois dû finir plutôt.

F I N.

www.ingramcontent.com/pod-product-compliance
Lightning Source LLC
Chambersburg PA
CBHW070522170426
43200CB00011B/2289